LES QUESTIONS

LES QUESTIONS

UNE IMAGE VAUT 1000 MOTS

À VOUS DE JOUER MAIS ATTENTION AUX JEUX DE MOTS !

1   De quoi s'agit-il ? ....

L'INGRÉDIENT MANQUANT

2   Outre notre voisin le Maine, le nom de sept états
américains commencent par la lettre « M ».
Lequel manque à cette liste ?

MARYLAND, MASSACHUSETTS, MINNESOTA, MISSISSIPPI, MISSOURI, MONTANA

....

LE COURRIEL

```
De          : Don Dee
Destinataire : Dee Don
Objet       : My frenchais

Je souis trrès contente de correspond with
you pour méliorer mon frenchais. C'est drôle
que nos deux towns portent le même nom.
Pourtant Australia et New Scotland, c'est
pas très proche. Je te vous l'envoie trois
screensavers: notre plus cèlèbre roche du monde
entier, un wallaby, et le troisième c'est un
duck-billed platypus. Je sais pas comment dire
cet animal en frenchais.

                        Don Dee The Crocodile
```

3 Les deux correspondants sont de quelles villes éloignées?

....

4 De quel gigantesque rocher est-t-il question?

....

5 Qu'est-ce qu'un wallaby?

....

6 Qu'est-ce qu'un *duck-billed platypus*?

....

ANIMAGES

VOUS DEVEZ TROUVER UNE ANAGRAMME AU MOT ÉCRIT EN LETTRES MAJUSCULES, À L'AIDE DE LA PHRASE ET DE L'ILLUSTRATION PROPOSÉES POUR CHAQUE QUESTION. UNE ANAGRAMME EST UN MOT QUI CONTIENT LES MÊMES LETTRES QU'UN AUTRE MOT, MAIS DANS UN AUTRE ORDRE ET SANS ÉGARD AUX ACCENTS.

7 Ce mouton n'était pas de CALIBRE pour rentrer au ...

....

8 Ce BINEUR fut surpris dans son travail par la ...

....

9 Il mit une noix d'AMANDIER dans sa ...

....

LA LETTRE PERDUE

À VOUS DE RECONSTITUER LES MOTS CI-DESSOUS EN Y RÉINSÉRANT LA LETTRE PERDUE.

Lettre perdue : R

10 COOMPE ....

11 GIMOIE ....

12 COSAIE ....

13 FACEU ....

Lettre perdue : F

14 PROANE ....

15 ESTI ....

16 PONTIE ....

17 ANARE ....

TRAIN DE MOTS

LES MOTS DE CETTE LISTE DOIVENT ÊTRE REPLACÉS DANS UN ORDRE PERMETTANT DE CRÉER DES NOMS COMPOSÉS OU DES EXPRESSIONS.

SKI, CHAMPAGNE, VACANCES, BOUTEILLES, FOND

18 ....

....

LES SYLLABES

IL S'AGIT ICI DE RECONSTITUER LES MOTS, OU SUITES DE MOTS, DANS LESQUELS LES SYLLABES ONT ÉTÉ PLACÉES DANS LE DÉSORDRE; CHAQUE MOT RESTE ENTIER, LES SYLLABES NE SONT PAS MÉLANGÉES D'UN MOT À L'AUTRE MAIS SEULEMENT À L'INTÉRIEUR DE CHAQUE MOT.

19 noisesourment ....

20 testê cheucherses ....

21 bertom dans les mespom ....

22 pasgerssa desclantins ....

23 carincétionra ....

24 zaziggant ....

25 refai du patage ....

26 nonlantcha ....

27 riquetomenthis ....

28 lanisdais ....

29 raqueabes ....

30 chertou rathétipeuque

LES SUBSTITUTS

ON CHERCHE DES EXPRESSIONS CONNUES, PRINCIPALEMENT DES QUÉBÉCISMES ET EXPRESSIONS FAMILIÈRES, DESQUELLES ON A SUBSTITUÉ LES MOTS-CLÉS PAR DES MOTS DE MÊME SENS. À VOUS DE LES RECONSTITUER !

31 Gruger les lames cornées qui recouvrent le bout de ses doigts

....

32 Concéder la victoire à une section de reptiles rampants et d'escabeaux

....

33 Ma mélancolie est coincée dans l'entrée de la maison

....

34 Offrir gratuitement à un félidé l'organe du goût

....

35 Accueillir une facture de l'appareil de communication

....

LA BÊTE NOIRE

UN JEU POUR TOUS LES AMOUREUX DE LA LANGUE FRANÇAISE !

36 Lequel des mots suivants est l'opposé des trois autres ?

SENESTRE, BÂBORD, JARDIN, DROITE

....

À PREMIÈRE VUE

IL FAUT D'ABORD IDENTIFIER LA PREMIÈRE SYLLABE SONORE DU MOT REPRÉSENTÉ PAR L'IMAGE. CETTE SYLLABE EST ÉGALEMENT LA PREMIÈRE SYLLABE DE LA RÉPONSE.

37 Partie de la main

....

38 Très utile pour le peintre

....

39 Auteur français du XVIIIe siècle

....

40 Moyen de reproduction cellulaire à partir d'un individu unique

....

41 Partie d'un spectacle de cirque

....

SON BALADEUR

LA SYLLABE DE DÉPART (OU SON ÉQUIVALENT SONORE) DEVIENT SUCCESSIVEMENT LE PREMIER, SECOND ET DERNIER SEGMENT DE TROIS MOTS DE TROIS SYLLABES. À VOUS DE TROUVER CES MOTS À L'AIDE DES DÉFINITIONS.

Son de départ : LAN

42 Sert à éclairer ....

43 Premier jour de chaque mois chez les Romains

....

44 On le parle à Barcelone..

Son de départ : VAN

45 Femme prétentieuse..

46 Très bienvenu durant la canicule ou la ménopause

....

47 Passionnant, enlevant..

LE POINT DU SAVOIR

IDENTIFIEZ LE SUJET À L'AIDE DES INDICES. LE DÉFI RÉSIDE DANS LE FAIT DE NE LIRE QU'UNE SEULE QUESTION À LA FOIS ! À L'ÉMISSION, UNE RÉPONSE TROUVÉE APRÈS LE PREMIER INDICE VAUT CINQ POINTS, APRÈS LE DEUXIÈME, QUATRE POINTS, ET AINSI DE SUITE.

48 Il a entrepris sa carrière en tant que journaliste au Soleil, en 1962.

49 C'est à la radio et la télévision de Radio-Canada à Québec qu'il a fait ses premières armes au micro.

50 Il a coanimé l'émission « Les Coqueluches » avec Guy Boucher.

51 Il a connu un énorme succès dans les années 80, avec l'émission « Avis de recherche » à Radio-Canada.

52 Cet animateur, qui a symbolisé légèreté et bonne humeur tout au long de sa vie, est décédé le 9 janvier 2011.

MOT DÉCOUPÉ

VOUS DEVEZ TROUVER UN MOT COMPOSÉ DE LA PREMIÈRE SYLLABE SONORE DE CHACUN DES MOTS ILLUSTRÉS.

53 Indice : Roche susceptible de prendre un beau poli

54 Indice : Corde utile à un certain type de travail

55 Indice : Capitale nordique

56 Indice : Il a gagné le cœur de sa belle

57 Indice : Sympathique

....

FAITES LA PAIRE

CE JEU CONSISTE À TROUVER, À PARTIR DE DEUX ÉLÉMENTS, UN TROISIÈME QUI LES LIE OU PERMET DE LES COMBINER.

58 Partie du visage
On le dit du Divin Enfant

....

59 Négation
Refuge de volatile

....

60 Arbre
Produit de la boulangerie

....

61 Nombre
Inutile

....

62 L'un des grands ensembles géopolitiques mondiaux
Il a la propriété d'oxyder

....

63 Invité
De grande taille

....

64 Mois de l'année
Conjonction

....

65 Souple, flexible – Produit du raisin

....

UNE IMAGE VAUT 1000 MOTS

À VOUS DE JOUER MAIS ATTENTION AUX JEUX DE MOTS !

66 De quelle expression s'agit-il ?

....

CLASSE-TOI !

CLASSEZ CES INVENTIONS EN ORDRE CHRONOLOGIQUE DE LA PLUS ANCIENNE À LA PLUS RÉCENTE :

1) ALLUMETTE   **2)** PARATONNERRE   **3)** CODE-BARRES   **4)** TÉLÉVISION

67 ....

ENTREMOTS

LE MOT QUE L'ON CHERCHE CONTIENT LE MOT DÉSIGNANT L'IMAGE, MAIS SANS ÉGARD À L'ORTHOGRAPHE OU À LA PRONONCIATION. UN INDICE EST LÀ POUR VOUS DONNER UNE PISTE DE PLUS.

68 Chasseur

....

69 Plat alsacien

....

70 Insecte indésirable

....

71 Peut-être reçu par les ondes

....

72 Partie du corps humain

....

SPRINT À RELAIS

VOUS DEVEZ RÉPONDRE À CES QUESTIONS PAR UN MOT DONT LES PREMIÈRES LETTRES CORRESPONDENT AUX QUELQUES DERNIÈRES LETTRES DE LA RÉPONSE PRÉCÉDENTE, SANS ÉGARD AUX ACCENTS.

73 **Lettres de départ : CA**
Petit mammifère rongeur ....

74 **Lettres de départ : TOR**
Grande métropole ....

75 **Lettres de départ : TO**
Eau de vie très forte et de mauvaise qualité

....

76 **Lettres de départ : AUX**
Être et avoir en sont ....

77 **Lettres de départ: RES**
Rivière du Nouveau-Brunswick ....

78 **Lettres de départ: HE**
Capitale de la Finlande ....

79 **Lettres de départ: KI**
Auteur du « Livre de la jungle » ....

80 **Lettres de départ: ING**
On qualifie ainsi l'âge de la puberté..................................

81 **Lettres de départ: GRAT**
Notre Elvis à nous ....

82 **Lettres de départ: TON**
Sandale de plage de plastique ....

83 **Lettres de départ: ONG**
Séparent et identifient les dossiers..................................

84 **Lettres de départ: ÉT**
Éléments de la partie mâle de la fleur ....

UNE IMAGE VAUT 1000 MOTS

À VOUS DE JOUER MAIS ATTENTION AUX JEUX DE MOTS !

85 De quelle expression s'agit-il ?

....

LA BÊTE NOIRE

U<small>N JEU POUR TOUS LES AMOUREUX DE LA LANGUE FRANÇAISE</small>!

86 Quel est l'objet de la peur de quelqu'un qui souffre de péladophobie?

1) P<small>ERDRE SES POILS</small>   2) P<small>ERSONNES CHAUVES</small>   3) P<small>ELURES DE BANANES</small>
4) C<small>ONVERGENCE</small>

....

UNE LETTRE À LA FOIS

D'<small>UNE RÉPONSE À L'AUTRE, SEULEMENT UNE LETTRE CHANGE DANS LE MOT, SANS ÉGARD AUX ACCENTS.</small>

Mot de départ : CHICHE

87 Photographie   ....

88 Avertisseur   ....

89 Valeur de note en musique ....

90 À proximité   ....

91 Arbre   ....

92 Contenant   ....

93 Installe pour la nuit   ....

94 Sur le clavier   ....

LA PYRAMIDE AZTÈQUE

L<small>E PREMIER MOT TROUVÉ À L'AIDE DE L'INDICE CONTIENT TROIS LETTRES, LE DEUXIÈME, QUATRE LETTRES, ET AINSI DE SUITE, EN CONSERVANT LA LETTRE DU DÉBUT ET CELLE DE LA FIN.</small>

B **E**

95 Bouche grande ouverte

96 Elle est secrétée par le foie

97 Natif de Bruxelles

98 Troisième rang

99 Dans la raquette

F **E**

100 Clochette en était une

101 Eau-de-vie de
      qualité supérieure

102 Arbre des régions tempérées

103 Peu compliqué

104 Qui est artificiel, imité

LA SUITE

105 Les jours de la semaine en espagnol sont:
      Lunes, martes, miércoles, jueves, viernes, sábado et …

UNE IMAGE VAUT 1000 MOTS

À VOUS DE JOUER MAIS ATTENTION AUX JEUX DE MOTS !

106 De quelle expression s'agit-il ?

....

LE COMPTOIR DES OBJETS TROUVÉS

AU COMPTOIR DES OBJETS TROUVÉS, ON TROUVE DES OBJETS QUE DES GENS OU PERSONNAGES CÉLÈBRES AURAIENT ÉGARÉS. IL FAUT IDENTIFIER CES PERSONNES À L'AIDE DE CES INDICES.

107 Ce comédien a à coeur le sort de nos rivières

....

108 Il est l'un de nos plus grands humoristes

....

109 Il a compté le but victorieux aux Olympiques de Vancouver en 2010

....

L'INGRÉDIENT MANQUANT

110 Entre John F. Kennedy et George Bush père, les États-Unis ont connu cinq présidents. Lequel est absent de cette liste ?

LYNDON JOHNSON, RICHARD NIXON, GERALD FORD, RONALD REAGAN

LES SUBSTITUTS

ON CHERCHE DES EXPRESSIONS CONNUES, PRINCIPALEMENT DES QUÉBÉCISMES ET EXPRESSIONS FAMILIÈRES, DESQUELLES ON A SUBSTITUÉ LES MOTS-CLÉS PAR DES MOTS DE MÊME SENS. À VOUS DE LES RECONSTITUER.

111 S'enlever violemment la pilosité du crâne

112 Minéral qui orbite n'accumule pas de sphaigne

113 Il est préférable de voir venir plutôt que de s'attendre à une guérison

114 Deux espaces temporels, trois gestes spatiaux

115 Prendre ses fantasmes pour des éléments du réel

116 Transporter de l'élément aqueux à la bâtisse servant à moudre le grain

117 Hurler disette

118 Avale ta paluche, réserve la suivante pour les 24 heures qui viennent

119 Se faire enfiler une minuscule rapide

120 On ne capte pas certains insectes avec de l'acide acétique

LE POINT DU SAVOIR

IDENTIFIEZ LE SUJET À L'AIDE DES INDICES. LE DÉFI RÉSIDE DANS LE FAIT DE NE LIRE QU'UNE SEULE QUESTION À LA FOIS. À L'ÉMISSION, UNE RÉPONSE TROUVÉE APRÈS LE PREMIER INDICE VAUT CINQ POINTS, APRÈS LE DEUXIÈME, QUATRE POINTS, ET AINSI DE SUITE.

121 Son prénom de naissance est Windsor Klébert.

122 Il partage sa vie entre Montréal et Miami.

123 Il a passé son enfance à Petit-Goâve avec sa grand-mère.

124 Il s'est fait connaître en 1985 avec son roman « Comment faire l'amour avec un nègre sans se fatiguer ».

125 Son roman « L'énigme du retour » lui a valu le prestigieux Prix Medicis.

UNE IMAGE VAUT 1000 MOTS

À VOUS DE JOUER MAIS ATTENTION AUX JEUX DE MOTS !

126 De quoi s'agit-il ?

LES SYLLABES

IL S'AGIT ICI DE RECONSTITUER LES MOTS, OU SUITES DE MOTS, DANS LESQUELS LES SYLLABES ONT ÉTÉ PLACÉES DANS LE DÉSORDRE. CHAQUE MOT RESTE ENTIER, LES SYLLABES NE SONT PAS MÉLANGÉES D'UN MOT À L'AUTRE MAIS SEULEMENT À L'INTÉRIEUR DE CHAQUE MOT.

127 querflan une cléera

128 frayerdé la nichroque ....

129 lemenorneta ....

130 nisyncitéchro ....

131 nertour à tedroi ....

132 queinsètrin ....

133 un tecdéteur de darra ....

134 cornierdon mal séchaus ....

PSEUDONYMES

135 Quel était le vrai nom de Molière ?

1) JEAN-BAPTISTE POQUELIN 2) GUILLAUME BOURGEOIS
3) ÉTIENNE DE VOSGES 4) PIERRE DE COUBERTIN

....

LE MOT SACOCHE

LES MOTS QUI CORRESPONDENT AUX DÉFINITIONS SONT TOUS CONTENUS
DANS LE MOT DE DÉPART; DANS L'ORDRE.

Mot de départ : SAPERLIPOPETTE

136 Produit de certains mollusques ....

137 Utile en chimie pour transporter
les liquides ....

138 Elle manque de jugement ....

139 Copain ....

140 Nuire aux efforts de quelqu'un ....

Mot de départ : EXTRAORDINAIRE

141 Commandement ....

142 Célèbre volcan italien ....

143 Appareil de surveillance
(et palindrome) ....

144 Émigration en masse ....

145 Déformer par torsion ....

TRAIN DE MOTS

LES MOTS DE CETTE LISTE DOIVENT ÊTRE REPLACÉS DANS UN ORDRE
PERMETTANT DE CRÉER DES NOMS COMPOSÉS OU DES EXPRESSIONS.

COCHON, SUCRE, SANG, GLACIER, INDE

146 ....

....

LES DÉS À DÉCOUDRE

LE SUJET IDENTIFIÉ SUR LA SURFACE APPARENTE DU DÉ DEVRA SE TROUVER
DANS VOTRE RÉPONSE.

147 Quand on se passe le mot

....

148 Dormir debout

....

149 Se dit d'une personne qui réussit très bien avec les plantes

....

150 Expression qui signifie « se sauver »

....

151 Quatrième tome de la série Harry Potter

....

LA VOYELLE COUCOU

TELS LES OEUFS DU COUCOU DÉPOSÉS DANS LE NID D'AUTRES OISEAUX, UNE VOYELLE A REMPLACÉ ICI TOUTES LES AUTRES VOYELLES DU MOT QUE L'ON CHERCHE. ATTENTION, LA VOYELLE COUCOU NE PEUT PAS SE TROUVER DANS LA RÉPONSE.

Voyelle coucou : O

152 VOTOSTO ....

153 SONORGOO ....

154 TOMPON ....

155 OVONOR ....

Voyelle coucou : E

156 FEERGEN ....

157 EETEEEEES ....

158 PERENHE ....

159 CEBE ....

UNE IMAGE VAUT 1000 MOTS

À VOUS DE JOUER MAIS ATTENTION AUX JEUX DE MOTS !

160   De quelle expression québécoise s'agit-il ?

....

CLASSE-TOI !

161   Classez ces montagnes canadiennes d'ouest en est :

1) COLUMBIA   2) CARLETON   3) SAINTE-ANNE   4) CYPRESS

....

MOT DÉCOUPÉ

VOUS DEVEZ TROUVER UN MOT COMPOSÉ DE LA PREMIÈRE SYLLABE
SONORE DE CHACUN DES MOTS ILLUSTRÉS.

162   Éden   ....

163   Jouet giratoire   ....

164 Une des bases d'une maison ....

165 Adverbe de temps ....

166 On la cherche sans cesse ....

APPROXIMOT

LA QUESTION VOUS MÈNE À UN MOT COMPOSÉ DES MÊMES LETTRES QUE LE MOT ILLUSTRÉ, SAUF UNE (SANS ÉGARD AUX ACCENTS).

167 Tuiles

....

168 Peu

....

169 D'après quelqu'un

....

170 Sport qui nourrit

....

171 Grade militaire

....

L'INGRÉDIENT MANQUANT

172 Les Grecs anciens décrivaient le monde selon quatre
éléments. Lequel manque à cette liste ?

LA TERRE, L'AIR, L'EAU ....

À PREMIÈRE VUE

IL FAUT D'ABORD IDENTIFIER LA PREMIÈRE SYLLABE SONORE DU MOT
REPRÉSENTÉ PAR L'IMAGE. CETTE SYLLABE EST ÉGALEMENT LA PREMIÈRE
SYLLABE DE LA RÉPONSE.

173 Fève

....

174 Relève du savoir-vivre

....

175 Instrument à vent

....

176 Animal mythique se transformant à
l'occasion

....

177 Homme de théâtre

....

ÇA COMMENCE PAR... ÇA FINIT PAR ...

ON CHERCHE ICI DES MOTS QUI COMMENCENT PAR LE SON « ESS »

178 Parfois de secours ....

179 Attendre avec confiance ....

180 Malicieux mais sans méchanceté ....

181 Région du Québec ....

ON CHERCHE ICI DES MOTS QUI FINISSENT PAR LE SON « LI »

182 Paquet ....

183 Acte illégal ....

184 Compétition automobile ....

185 Tristesse ....

ON CHERCHE ICI DES MOTS QUI FINISSENT PAR LE SON « DIN »

186 Quand il aime, c'est pour toujours ....

187 Gros bâton ....

188 Charcuterie à base de sang ....

189 Il a volé une lampe et son tapis vole aussi

....

LA SUITE

190 En suivant la chronologie du temps, il y eut :

LA PRÉHISTOIRE, L'ANTIQUITÉ, LE MOYEN ÂGE ET...

....

UNE IMAGE VAUT 1000 MOTS

À VOUS DE JOUER MAIS ATTENTION AUX JEUX DE MOTS !

191 De quelle expression s'agit-il ?

....

ANIMAGES

VOUS DEVEZ TROUVER UNE ANAGRAMME AU MOT ÉCRIT EN LETTRES MAJUSCULES, À L'AIDE DE LA PHRASE ET DE L'ILLUSTRATION PROPOSÉES POUR CHAQUE QUESTION. UNE ANAGRAMME EST UN MOT QUI CONTIENT LES MÊMES LETTRES QU'UN AUTRE MOT, MAIS DANS UN AUTRE ORDRE ET SANS ÉGARD AUX ACCENTS.

192 Sans BRUIT, il observa les rituels de la ...

....

193 Il a tellement RONFLÉ qu'il a fait fuir un ...

....

194 Je n'ai jamais osé GOÛTER du ...

....

195 Il entra sans ENTRAVE à la ...

....

196 La vision FLOUE,
il ne distinguait pas la ...

....

UNE LETTRE À LA FOIS

D'UNE RÉPONSE À L'AUTRE, SEULEMENT UNE LETTRE CHANGE DANS LE MOT, SANS ÉGARD AUX ACCENTS.

Mot de départ : BUTIN

197 Désobéissant ....

198 Troll ....

199 Vieille langue ....

200 Animal ....

201 Parcelle de terre ....

202 Fleur ....

Mot de départ : PARIS

203 Vêtements indiens ....

204 Gaz mortel ....

UNE IMAGE VAUT 1000 MOTS

À VOUS DE JOUER MAIS ATTENTION AUX JEUX DE MOTS !

205 De quelle expression s'agit-il ?

....

TRAIN DE MOTS

LES MOTS DE CETTE LISTE DOIVENT ÊTRE REPLACÉS DANS UN ORDRE PERMETTANT DE CRÉER DES NOMS COMPOSÉS OU DES EXPRESSIONS.

JEU, CIEL, FRANC, CARTES, VARIABLE

206 ....

....

LE POINT DU SAVOIR

IDENTIFIEZ LE SUJET À L'AIDE DES INDICES. LE DÉFI RÉSIDE DANS LE FAIT DE NE LIRE QU'UNE SEULE QUESTION À LA FOIS ! À L'ÉMISSION, UNE RÉPONSE TROUVÉE APRÈS LE PREMIER INDICE VAUT CINQ POINTS, APRÈS LE DEUXIÈME, QUATRE POINTS, ET AINSI DE SUITE.

207 Ce pays a obtenu son indépendance en 1821.

208 Il est bordé par le Nicaragua, le Panama, l'océan Pacifique et la mer des Caraïbes.

209 Il est divisé en sept provinces dont Puntarenas et Cartago.

210 La beauté de ses parcs nationaux et réserves en font une destination touristique de choix.

211 Sa capitale est San José.

....

212 Il en existe plus de 620 espèces connues au Québec et plus de 35 000 dans le monde.

213 Peu d'entre elles sont dangereuses quoique leur morsure puisse être douloureuse.

214 Elles ont plusieurs yeux placés de façon variable sur leur tête.

215 Elles font partie de la classe des Arachnides.

216 Elles ont huit pattes et leur corps est divisé en deux parties.

....

LA BÊTE NOIRE

UN JEU POUR TOUS LES AMOUREUX DE LA LANGUE FRANÇAISE !

217 Certains noms communs sont issus de personnages de Molière. Lequel désigne un vieillard crédule?

HARPAGON, TARTUFFE, GÉRONTE, AMPHITRYON

LE COMPTOIR DES OBJETS TROUVÉS

AU COMPTOIR DES OBJETS TROUVÉS, ON TROUVE DES OBJETS QUE DES GENS OU PERSONNAGES CÉLÈBRES AURAIENT ÉGARÉS. IL FAUT IDENTIFIER CES PERSONNES À L'AIDE DE CES INDICES.

218 Cette jeune chanteuse a une très belle carrière en France

219 Un humble serviteur devenu célèbre à travers le monde

220 Il ne fait plus partie du jet-set, mais bien du rocket-set !

FAITES LA PAIRE

CE JEU CONSISTE À TROUVER, À PARTIR DE DEUX ÉLÉMENTS, UN TROISIÈME QUI LES LIE OU PERMET DE LES COMBINER.

221 À l'intérieur
365 rotations de la Terre ....

222 Très peu humide
De la famille du calmar ....

223 Titre de Monsieur
Personne qui débite le bois ....

224 Outil pour fendre le bois
Lettre de l'alphabet ....

225 Anglicisme pour spectacle
Dégage de la chaleur ....

226 Chiffre
Au tennis   ....

227 Partie du corps
En santé   ....

228 Hauteur du corps
De la Thaïlande   ....

APPROXIMOT

LA QUESTION VOUS MÈNE À UN MOT COMPOSÉ DES MÊMES LETTRES QUE LE MOT ILLUSTRÉ, SAUF UNE (SANS ÉGARD AUX ACCENTS).

229   Ligne

....

230   Aspire les liquides ou les gaz

....

231 Grande paresse

....

232 En lambeaux

....

233 Juron québécois

....

UNE IMAGE VAUT 1000 MOTS

À VOUS DE JOUER MAIS ATTENTION AUX JEUX DE MOTS !

234 De quoi s'agit-il?

....

CLASSE-TOI!

235 Classez ces mots dans l'ordre de leur apparition au premier refrain de la chanson « Le P'tit Bonheur » de Félix Leclerc :

1) BALLADE **2)** MALADE **3)** TORTURE **4)** FRÈRES

....

SON BALADEUR

LA SYLLABE DE DÉPART (OU SON ÉQUIVALENT SONORE) DEVIENT SUCCESSIVEMENT LE PREMIER, SECOND ET DERNIER SEGMENT DE TROIS MOTS DE TROIS SYLLABES. À VOUS DE TROUVER CES MOTS À L'AIDE DES DÉFINITIONS.

Son de départ: MA

236 Commence la journée ....

237 Témoignage de respect ....

238 Éruption cutanée ....

Son de départ : PI

239 Comprimé ....

240 Il tire des flèches aux amoureux ....

241 Rend la carpette moelleuse ....

Son de départ: PLA

242 Métal blanc grisâtre ....

243 Changer de position ....

244 Fatigué, à bout de forces ....

Son de départ: NU

245 Plus jeune et plus grand territoire du Canada ....

246 Qui fait des détours ....

247 Prisonnier ....

ÉNIGME

248 Je suis un prénom de deux syllabes. Si on multiplie ma première syllabe par ma deuxième, on obtient deux mille. Qui suis-je ? ....

249 Le quincaillier vous dit : « Pour un, c'est 3 $, pour 10, c'est 6 $ et pour 100, c'est 9 $ ». Que veut-il vous vendre ?

....

250 Trouvez la prochaine lettre de la suite logique suivante : Z A Y B X ....

LA LETTRE PERDUE

À VOUS DE RECONSTITUER LES MOTS CI-DESSOUS EN Y RÉINSÉRANT LA LETTRE PERDUE.

Lettre perdue : S

251 ARCAME ....

252 PATI ....

253 ECOURITE ....

254 TRITEE ....

Lettre perdue : T

255 GRAUI ....

256 SRIC ....

257 OUPE ....

258 OIURE ....

LES SUBSTITUTS

ON CHERCHE DES EXPRESSIONS CONNUES, PRINCIPALEMENT DES
QUÉBÉCISMES ET EXPRESSIONS FAMILIÈRES, DESQUELLES ON A SUBSTITUÉ LES
MOTS-CLÉS PAR DES MOTS DE MÊME SENS. À VOUS DE LES RECONSTITUER.

259 Visionner l'existence en couleur de fleur

....

260 Cela n'est pas du minuscule breuvage houblonné

....

261 Lancer ses plantes crucifères avec beaucoup de graisse

....

262 Exister sur le membre inférieur du conflit armé

....

263 Prendre contact avec de la matière ligneuse

....

264 Comprimés tels de petits poissons

....

265 En posséder son couvre-chaussure

....

266 C'est hibou

....

LA SUITE

267 Dans l'astrologie chinoise, quel est le signe qui suit ?

TIGRE, LIÈVRE, DRAGON ...   .

LES DÉS À DÉCOUDRE

LE SUJET IDENTIFIÉ SUR LA SURFACE APPARENTE DU DÉ DEVRA SE TROUVER DANS VOTRE RÉPONSE.

268 Savoir enfin la vérité, être fixé sur quelque chose

....

269 N'avoir rien à se reprocher, partir sans honte

....

270 Avoir peur ou froid

....

271 Très lentement

....

272 Cette fable de La Fontaine débute ainsi : « Petit poisson deviendra grand pourvu que Dieu lui prête vie. »

....

LE MOT SACOCHE

LES MOTS QUI CORRESPONDENT AUX DÉFINITIONS SONT TOUS CONTENUS DANS LE MOT DE DÉPART; DANS L'ORDRE.

Mot de départ : JURISPRUDENCE

273 Il dure 30 jours ....

274 On en fait des confitures et de l'eau de vie

....

275 Vêtement féminin ....

276 Néant ....

277 Parasite de l'homme ....

Mot de départ : INVRAISEMBLABLE

278 Qui a les qualités requises ....

279 Poisson plat ....

280 Il est parfois masqué ....

281 Authentique ....

282 Sous le cavalier ....

SANS VOYELLES

À VOUS DE RECONSTITUER LES MOTS CI-DESSOUS EN Y RÉINSÉRANT LES VOYELLES.

283 C_N_M_TH_Q_ _ ....

284 _RT_C_L_T_ _N ....

285 P_RT_ _R_ ....

286 S_ _R_C_ _ _ ....

287 M_GN_S_ _M ....

288 P_N_T_NC_ ....

289 C_ _L_ _VR_ ....

290 _VR_GN_ ....

PSEUDONYMES

291   Quel est le vrai nom du chanteur Sting?

1) STEPHEN INGRAM   2) GORDON SUMNER
3) MARK STINGALL   4) PAUL HISS

ENTREMOTS

LE MOT QUE L'ON CHERCHE CONTIENT LE MOT DÉSIGNANT L'IMAGE, MAIS SANS ÉGARD À L'ORTHOGRAPHE OU À LA PRONONCIATION. UN INDICE EST LÀ POUR VOUS DONNER UNE PISTE DE PLUS.

292   Construire

293   Exquis

294   Action de donner des directions

295   Relatif à des transactions monétaires

296   Foulard

LE POINT DU SAVOIR

IDENTIFIEZ LE SUJET À L'AIDE DES INDICES. LE DÉFI RÉSIDE DANS LE FAIT DE NE LIRE QU'UNE SEULE QUESTION À LA FOIS ! À L'ÉMISSION, UNE RÉPONSE TROUVÉE APRÈS LE PREMIER INDICE VAUT CINQ POINTS, APRÈS LE DEUXIÈME, QUATRE POINTS, ET AINSI DE SUITE.

297 Le premier, conçu par l'Américain David Bushnell en 1776, s'appelait « La Tortue ».

298 Jusqu'au début des années 1980, il servait exclusivement à des fins militaires.

299 Il est généralement doté d'une coque en forme de cigare.

300 C'est un bâtiment étanche.

301 Il est conçu pour évoluer principalement sous l'eau.

....

302 Le panderichthys, un poisson préhistorique, serait le premier organisme à en avoir eu.

303 Leur présence caractérise les tétrapodes.

304 Ils ne contiennent pas de muscles.

305 Ils sont reliés par des tendons à des muscles extenseurs et fléchisseurs situés dans l'avant-bras.

306 Se les croiser pourrait porter chance.

....

307 Il en existe environ 2000 espèces, la majorité vivent en eau peu profonde.

308 Il n'a ni yeux, ni cerveau, mais une petite bouche avec des dents très pointues.

309 Il se nourrit de débris qu'il collecte au fond de l'eau.

310 Avec l'huître, il s'agit de la seule bestiole que l'on consomme vivante en Occident.

311 Il a la forme d'une boule et sa carapace est garnie d'épines qui le protègent des prédateurs.

....

LA PYRAMIDE AZTÈQUE

LE PREMIER MOT TROUVÉ À L'AIDE DE L'INDICE CONTIENT TROIS LETTRES, LE DEUXIÈME, QUATRE LETTRES, ET AINSI DE SUITE, EN CONSERVANT LA LETTRE DU DÉBUT ET CELLE DE LA FIN.

L O

312 Lion latin

313 Vedette de fin de soirée à la télé américaine

314 Film du regretté Jean-Claude Lauzon

315 Dans la salle de bain

316 Tour de rein

B G

317 Insecte anglais

318 Prénom du crooner Crosby

319 Gros village

320 Avionneur

321 Des Olympiques s'y sont tenus

À PREMIÈRE VUE

IL FAUT D'ABORD IDENTIFIER LA PREMIÈRE SYLLABE SONORE DU MOT
REPRÉSENTÉ PAR L'IMAGE. CETTE SYLLABE EST ÉGALEMENT LA PREMIÈRE
SYLLABE DE LA RÉPONSE.

322 Parfume les pâtisseries

....

323 Grande science naturelle

....

324 Fibre textile naturelle

....

325 Insectes

....

326 Qui ne produit rien

....

UNE IMAGE VAUT 1000 MOTS

À VOUS DE JOUER MAIS ATTENTION AUX JEUX DE MOTS !

327 De quelle expression s'agit-il ?

....

ÇA COMMENCE PAR... ÇA FINIT PAR ...

ON CHERCHE ICI DES MOTS QUI COMMENCENT PAR LE SON « SOU »

328 Celui de La Joconde est intrigant ....

329 Saut brusque et imprévu ....

330 La vichyssoise en est une ....

331 Fréquemment ....

ON CHERCHE UN MOT QUI COMMENCE PAR LE SON « BER »

332 Ville dont le célèbre mur n'existe plus ....

333 Pantalon court ....

334 Peuple d'Afrique du Nord ....

335 Oie sauvage ....

ON CHERCHE UN MOT QUI FINIT PAR LE SON « SIN »

336 Jeune poulet ....

337 Race de chats ....

338 Crime ....

339 Substance que l'on inocule ....

LA BÊTE NOIRE

UN JEU POUR TOUS LES AMOUREUX DE LA LANGUE FRANÇAISE !

340 Laquelle de ces trompes se trouve dans l'oreille ?

TROMPE DE FALLOPE, TROMPE D'EUSTACHE, TROMPE DE CHASSE,
TROMPE DE BRUME

LE MOT SACOCHE

LES MOTS QUI CORRESPONDENT AUX DÉFINITIONS SONT TOUS CONTENUS
DANS LE MOT DE DÉPART; DANS L'ORDRE.

Mot de départ : MÉLANCOLIQUE

341 On s'y instruit ....

342 Partie d'un navire ....

343 Grand cervidé ....

344 Insuffisance ....

345 Douleur abdominale ....

Mot de départ : CARICATURISTE

346 Plante épineuse ....

347 Sourire crispé ....

348 Moment difficile à passer ....

349 Problème dentaire ....

350 Un certain businessman aurait voulu en être un

....

351 Pronom intime ....

TRAIN DE MOTS

LES MOTS DE CETTE LISTE DOIVENT ÊTRE REPLACÉS DANS UN ORDRE
PERMETTANT DE CRÉER DES NOMS COMPOSÉS OU DES EXPRESSIONS.

ÉTERNELLE, CHASSE, MONTER, GARDE NEIGE

352 ....

APPROXIMOT

LA QUESTION VOUS MÈNE À UN MOT COMPOSÉ DES MÊMES LETTRES QUE LE MOT ILLUSTRÉ, SAUF UNE (SANS ÉGARD AUX ACCENTS).

353 Dans un gymnase

....

354 Une seule durant l'hiver, ce n'est pas très utile

....

355 Petit endroit calme au bord de l'eau

....

356 Le feu en produit

....

357 Partie de l'oeil

....

358 Dans nos forêts

....

359 Utile à la couture

....

360 De bien belles bêtes

....

361 Étendue d'eau salée fermée

....

UNE IMAGE VAUT 1000 MOTS

À VOUS DE JOUER MAIS ATTENTION AUX JEUX DE MOTS !

362 De quelle expression s'agit-il ?

....

L'INGRÉDIENT MANQUANT

363 On trouve dans les forêts du Québec six espèces de grands conifères. Laquelle manque à cette liste ?

PIN, MÉLÈZE, ÉPINETTE, SAPIN, PRUCHE

....

QUESTIONS DE LETTRES

ON CHERCHE DES MOTS QUI CONTIENNENT UN ACCENT CIRCONFLEXE

364 Nord, sud ou position ....

365 Se porte sur les épaules ....

366 Peu coloré ....

367 De bonne heure ....

ON CHERCHE DES MOTS DE QUATRE LETTRES QUI CONTIENNENT DEUX « O »

368 Capitale scandinave ....

369 Jouet à corde ....

370 Pays d'Afrique ....

371 Le guitariste de son groupe
s'appelle « The Edge » ....

ON CHERCHE DES MOTS QUI COMMENCENT ET FINISSENT PAR « G »

372 Regroupement de malfaiteurs ....

373 Mélange d'eau chaude et d'alcool ....

374 Camp soviétique
de travaux forcés ....

375 Plante dont la racine aurait
des propriétés toniques ....

LA SUITE

376 Nommez le polygone suivant :

TRIANGLE, QUADRILATÈRE, PENTAGONE, HEXAGONE . . .

....

LA LETTRE PERDUE

À VOUS DE RECONSTITUER LES MOTS CI-DESSOUS EN Y RÉINSÉRANT
LA LETTRE PERDUE.

Lettre perdue : E

377 SCRIM ....

378 VSTIG ....

379 MPCHR ....

380 SCPTR ....

Lettre perdue : L

381 ORGEET ....

382 GRAVEE ....

383 ONGE ....

384 ÉMAIER ....

ÉNIGME

385 Deux amis jouent neuf parties de dames. Ils en gagnent le même nombre. Il n'y a aucune partie nulle. Comment est-ce possible ?

....

UNE IMAGE VAUT 1000 MOTS

À VOUS DE JOUER MAIS ATTENTION AUX JEUX DE MOTS !

386 De quelle expression s'agit-il ?

....

LA VOYELLE COUCOU

TELS LES OEUFS DU COUCOU DÉPOSÉS DANS LE NID D'AUTRES OISEAUX, UNE VOYELLE A REMPLACÉ ICI TOUTES LES AUTRES VOYELLES DU MOT QUE L'ON CHERCHE. ATTENTION, LA VOYELLE COUCOU NE PEUT PAS SE TROUVER DANS LA RÉPONSE.

Voyelle coucou : A

387 VASTAN ....

388 RATALA ....

389 CHANAL ....

Voyelle coucou : U

390 PUUCHU ....

391 UNCUUN ....

392 SUNGLUUR ....

393 BRUUCHU ....

Voyelle coucou : I

394 IRITIIR ....

395 GINIRILIMINT ....

396 INGIINT ....

397 GRIII ....

398 NIPTINI ....

ANIMAGES

VOUS DEVEZ TROUVER UNE ANAGRAMME AU MOT ÉCRIT EN LETTRES MAJUSCULES, À L'AIDE DE LA PHRASE ET DE L'ILLUSTRATION PROPOSÉES POUR CHAQUE QUESTION. UNE ANAGRAMME EST UN MOT QUI CONTIENT LES MÊMES LETTRES QU'UN AUTRE MOT, MAIS DANS UN AUTRE ORDRE ET SANS ÉGARD AUX ACCENTS.

399 Il cultivait de l'ARNICA pendant qu'il élevait son ..

....

400 Après la compétition de MONOSKI, tous s'achetèrent des ...

....

401 Elle avait MENTI sur l'existence de ce petit ...

....

402 Elles étaient toutes ATTISÉES par son ...

....

403 Ces TARÉS vouaient un culte à cet ...

....

ENTREMOTS

LE MOT QUE L'ON CHERCHE CONTIENT LE MOT DÉSIGNANT L'IMAGE, MAIS SANS ÉGARD À L'ORTHOGRAPHE OU À LA PRONONCIATION. UN INDICE EST LÀ POUR VOUS DONNER UNE PISTE DE PLUS.

404 Cri de canidé

....

405 Plan, projet, schéma

....

406 Fruit

....

407 Un élément du matériel de l'écolier

....

408 Façon de se vêtir

....

SPRINT À RELAIS

VOUS DEVEZ RÉPONDRE À CES QUESTIONS PAR UN MOT DONT LES PREMIÈRES LETTRES CORRESPONDENT AUX QUELQUES DERNIÈRES LETTRES DE LA RÉPONSE PRÉCÉDENTE, SANS ÉGARD AUX ACCENTS.

409 **Lettres de départ: MEN**
A beau le faire qui vient de loin

410 **Lettres de départ: TIR**
Dans Cyrano, il y en a une célèbre portant sur le nez

411 **Lettres de départ: DE**
Capitale du Colorado

412 **Lettres de départ: ENVER**
Ampleur, ouverture

413 **Lettres de départ: RE**
Elle a incarné Bridget Jones et Miss Potter

414 **Lettres de départ: GER**
Se dit de cousins ayant un grand-parent commun

415 **Lettres de départ: AINS**
De cette façon

416 **Lettres de départ: SI**
Courbe, en parlant d'un parcours

UNE IMAGE VAUT 1000 MOTS

À VOUS DE JOUER MAIS ATTENTION AUX JEUX DE MOTS !

417 De quelle expression s'agit-il ?

....

CLASSE-TOI!

418 Classez d'est en ouest ces célèbres détectives selon leur pays d'origine :

1) SHERLOCK HOLMES   **2)** KURT WALLANDER
3) HARRY BOSH   **4)** HERCULE POIROT

....

SON BALADEUR

LA SYLLABE DE DÉPART (OU SON ÉQUIVALENT SONORE) DEVIENT SUCCESSIVEMENT LE PREMIER, SECOND ET DERNIER SEGMENT DE TROIS MOTS DE TROIS SYLLABES. À VOUS DE TROUVER CES MOTS À L'AIDE DES DÉFINITIONS.

Son de départ : SI

419 Avertir   ....

420 Île italienne   ....

421 Qui laisse place au doute   ....

Son de départ : FRE

422 Jeune homme prétentieux   ....

423 On lui confie son argent ....

424 Cicatrice ....

Son de départ : VI

425 Apparent ....

426 Personne que l'on reçoit ....

427 Pays qui doit son nom à Simon Bolivar

....

Son de départ : TON

428 Coiffeuse pour gazon ....

429 Mollusque comestible ....

430 Il aide le cuisinier ....

MOT DÉCOUPÉ

VOUS DEVEZ TROUVER UN MOT COMPOSÉ DE LA PREMIÈRE SYLLABE
SONORE DE CHACUN DES MOTS ILLUSTRÉS.

431 Sorte de bateau de transport

....

432 Elles sont utiles à la marche

....

433 Goût reconnu par la langue

434 Instrument de musique

435 Petit veston

À PREMIÈRE VUE

IL FAUT D'ABORD IDENTIFIER LA PREMIÈRE SYLLABE SONORE DU MOT REPRÉSENTÉ PAR L'IMAGE. CETTE SYLLABE EST ÉGALEMENT LA PREMIÈRE SYLLABE DE LA RÉPONSE.

436 Égaré

437 Dans le ciel la nuit

438 Insectes

....

439 Animal changeant

....

440 Malchance

....

FAITES LA PAIRE

CE JEU CONSISTE À TROUVER, À PARTIR DE DEUX ÉLÉMENTS, UN TROISIÈME QUI LES LIE OU PERMET DE LES COMBINER.

441 Pronom personnel
Partie d'un avion   ....

442 Désigne le moi
Qui ne sont pas différents   ....

443 Croyance religieuse
Organe du corps humain   ....

444 Partie d'un tricot
Promenade de centre commercial ....

445 Pulsation
Insecte parasite   ....

446 Pas loin
Emprunt   ....

447 Petit cours d'eau
Plus grand qu'une ruelle   ....

448 Alcool
Partie d'une voie ferrée

....

UNE IMAGE VAUT 1000 MOTS

À VOUS DE JOUER MAIS ATTENTION AUX JEUX DE MOTS !

449 De quelle expression s'agit-il ?

....

TRAIN DE MOTS

LES MOTS DE CETTE LISTE DOIVENT ÊTRE REPLACÉS DANS UN ORDRE
PERMETTANT DE CRÉER DES NOMS COMPOSÉS OU DES EXPRESSIONS.

FROID, SAUVAGE, SANG, CANARD, PRISE

450 ....
....

LES SUBSTITUTS

ON CHERCHE DES EXPRESSIONS CONNUES, PRINCIPALEMENT DES
QUÉBÉCISMES ET EXPRESSIONS FAMILIÈRES, DESQUELLES ON A SUBSTITUÉ LES
MOTS-CLÉS PAR DES MOTS DE MÊME SENS. À VOUS DE LES RECONSTITUER.

451 Matière grise de volatile

....

452 Entre canidé apprivoisé et canidé sauvage

....

453 Un bout d'érable du 25 décembre

....

454 Une flatulence de religieuse

....

455 Égarer l'un des quatre points cardinaux

....

456 Un métal à monture pour jockey

....

457 Une ascension lactée

....

458 Intervention nasale de couleur primaire

....

ENTREMOTS

LE MOT QUE L'ON CHERCHE CONTIENT LE MOT DÉSIGNANT L'IMAGE, MAIS SANS ÉGARD À L'ORTHOGRAPHE OU À LA PRONONCIATION. UN INDICE EST LÀ POUR VOUS DONNER UNE PISTE DE PLUS.

459   Voyou

....

460   Récolter

....

461   Relier deux parties l'une à l'autre

....

462   Rassembler, regrouper

....

463 Détruire

....

LA BÊTE NOIRE

UN JEU POUR TOUS LES AMOUREUX DE LA LANGUE FRANÇAISE !

464 Tous ces termes portent le nom du personnage qui les a inspirés sauf un, lequel ?

CORBEILLE, POUBELLE, SILHOUETTE, SANDWICH

....

465 Lequel de ces mots est mal orthographié ?

ANTHROPIE, ANTHROPOLOGUE, ANTHROPOPHAGE, ANTHROPOMORPHE

....

466 Comment appelle-t-on les habitants de la municipalité d'Asbestos, en Estrie ?

ASBESTOIS, ASBESTOSSIENS, BESTOSASSIENS, ASBESTRIENS

....

LE COMPTOIR DES OBJETS TROUVÉS

AU COMPTOIR DES OBJETS TROUVÉS, ON TROUVE DES OBJETS QUE DES GENS OU PERSONNAGES CÉLÈBRES AURAIENT ÉGARÉS. IL FAUT IDENTIFIER CES PERSONNES À L'AIDE DE CES INDICES.

467 C'est un fabuleux fabuliste

....

468 Ce personnage a été immortalisé par Harrison Ford

....

469 Il doit tout à Victor Hugo

....

470 Elle est la grand-maman de Harry et de William

....

471 Il est allé sur la Lune

....

UNE IMAGE VAUT 1000 MOTS

À VOUS DE JOUER MAIS ATTENTION AUX JEUX DE MOTS !

472 De quoi s'agit-il ?

....

LA SUITE

473 Le Grand Chelem de tennis est constitué de quatre tournois majeurs chaque année. Quel est le dernier tournoi de la saison ayant lieu en août ?

OPEN D'AUSTRALIE, ROLAND-GARROS, WIMBLEDON ET ...

....

SANS VOYELLES

À VOUS DE RECONSTITUER LES MOTS CI-DESSOUS EN Y RÉINSÉRANT LES VOYELLES.

474 P_T_N_ _R_ ....

475 _B_ _LL_ ....

476 _T_N_R_ _R_ ....

477 T_R_NT_L ....

478 V_ _T_ _R ....

479 _C_ _R ....

480 _LC_ _L ....

481 M_G_PH_N_ ....

LA PYRAMIDE AZTÈQUE

LE PREMIER MOT TROUVÉ À L'AIDE DE L'INDICE CONTIENT TROIS LETTRES, LE DEUXIÈME, QUATRE LETTRES, ET AINSI DE SUITE, EN CONSERVANT LA LETTRE DU DÉBUT ET CELLE DE LA FIN.

G N

482 Son nom vient du genièvre

483 Contraire de perte

484 Museau du cochon

485 Femelle du gorille

486 Il a peint Tahiti

T C

487 Objet de peu de valeur

488 Nervosité de l'artiste

489 Part en fumée

490 Partie de l'aéroport
où stationnent les avions

491 Navire tristement
célèbre

SPRINT À RELAIS

VOUS DEVEZ RÉPONDRE À CES QUESTIONS PAR UN MOT DONT LES
PREMIÈRES LETTRES CORRESPONDENT AUX QUELQUES DERNIÈRES LETTRES DE
LA RÉPONSE PRÉCÉDENTE, SANS ÉGARD AUX ACCENTS.

492 **Lettres de départ : RES**
Une fonction vitale

493 **Lettres de départ : RATION**
Fondé sur la raison

....

494 **Lettres de départ : ÉL**
Couper, émonder, tailler

....

495 **Lettres de départ : GUÉR**
Elle se prénomme Geneviève et elle aime la danse

....

496 **Lettres de départ : ARD**
Il a été à la barre du « Tout le monde en parle » français

....

497 **Lettres de départ : DISSON**
Cacophonie

....

498 **Lettres de départ : CE**
Arrêt des combats

......,...

499 **Lettres de départ : EU**
Célébration religieuse

....

UNE IMAGE VAUT 1000 MOTS
À VOUS DE JOUER MAIS ATTENTION AUX JEUX DE MOTS !

500 De quelle expression s'agit-il ?

....

L'INGRÉDIENT MANQUANT

501 Il manque à cette liste un ingrédient essentiel pour réussir une sauce hollandaise :

BEURRE, JUS DE CITRON, EAU, SEL

PSEUDONYMES

502 Quel est le vrai nom de Dominique Michel ?

1) MICHELINE DOYON   **2)** AIMÉE SYLVESTRE
3) DORIS MICHAUD   **4)** PIERRETTE ROBIDOUX

LES SYLLABES

IL S'AGIT ICI DE RECONSTITUER LES MOTS, OU SUITES DE MOTS, DANS LESQUELS LES SYLLABES ONT ÉTÉ PLACÉES DANS LE DÉSORDRE. CHAQUE MOT RESTE ENTIER, LES SYLLABES NE SONT PAS MÉLANGÉES D'UN MOT À L'AUTRE MAIS SEULEMENT À L'INTÉRIEUR DE CHAQUE MOT.

503 gentl'ar n'a pas deurd'o

504 déquementbus

505 neu veulase à gelin

506 quecaumarchedes

507 la lipoce téemon

508 neu simuque legiorina

509 néciergo une contionven

510 des sirédents mapernents

CLASSE-TOI!

511 Classez ces mots dans l'ordre de leur valeur en points au jeu de Scrabble français, en commençant par celui qui a la plus petite valeur :

1) DIX   2) VALET   3) DAME   4) NEUF

....

LA LETTRE PERDUE

À VOUS DE RECONSTITUER LES MOTS CI-DESSOUS EN Y RÉINSÉRANT LA LETTRE PERDUE.

Lettre perdue : C

512 SAOHE   ....

513 VOLAN   ....

514 ERLE   ....

515 ARO   ....

Lettre perdue : O

516 CLRATIN   ....

517 TMBLA   ....

518 GULT   ....

519 MUSSN   ....

ANIMAGES

VOUS DEVEZ TROUVER UNE ANAGRAMME AU MOT ÉCRIT EN LETTRES MAJUSCULES, À L'AIDE DE LA PHRASE ET DE L'ILLUSTRATION PROPOSÉES POUR CHAQUE QUESTION. UNE ANAGRAMME EST UN MOT QUI CONTIENT LES MÊMES LETTRES QU'UN AUTRE MOT, MAIS DANS UN AUTRE ORDRE ET SANS ÉGARD AUX ACCENTS.

520 Sa randonnée interrompue par une CRAMPE, il s'arrêta alors ici pour ...

....

521 Après avoir SIMULÉ le sommeil, il mangea un bol de ...

....

522 Il était en train de BREVETER son invention lorsqu'il se brisa une ...

....

523 Le bureau est INTERVENU pour calmer cet ...

....

524 Ils se sont AMUSÉS de le voir manier sa ...

....

QUESTIONS DE LETTRES

ON CHERCHE DES MOTS QUI S'ÉCRIVENT AVEC UN « X » EN PLEIN MILIEU

525 État des États-Unis ....

526 Offenser ....

527 Suite de mots ou phrases ....

528 Se battre avec ses poings ....

ON CHERCHE DES MOTS QUI SE TERMINENT PAR UN « W »

529 Petite maison de plain-pied..

530 Aéroport anglais ....

531 Race de chien ....

532 Grande ville écossaise..

ON CHERCHE DES MOTS QUI CONTIENNENT QUATRE « A »

533 Ensemble des clients d'un commerçant

....

534 État américain célébré par Kurt Weill et Bertold Brecht

....

535 Chef spirituel bouddhisme tibétain

....

536 Ses habitants sont malgaches

....

UNE IMAGE VAUT 1000 MOTS

À VOUS DE JOUER MAIS ATTENTION AUX JEUX DE MOTS !

537 De quelle expression s'agit-il ?

....

ÉNIGME

538 On ne me jette que lorsqu'on a besoin de moi.
Qui suis-je ?

....

À PREMIÈRE VUE

IL FAUT D'ABORD IDENTIFIER LA PREMIÈRE SYLLABE SONORE DU MOT
REPRÉSENTÉ PAR L'IMAGE. CETTE SYLLABE EST ÉGALEMENT LA PREMIÈRE
SYLLABE DE LA RÉPONSE.

539 On n'y croise pas souvent les végétariens

....

540 Outil de menuisier

....

541 Couvre-chef à palette

....

542 Relatif au pays au nord de la France

....

543 Dans la chambre de bébé

....

LE POINT DU SAVOIR

IDENTIFIEZ LE SUJET À L'AIDE DES INDICES. LE DÉFI RÉSIDE DANS LE FAIT DE NE LIRE QU'UNE SEULE QUESTION À LA FOIS ! À L'ÉMISSION, UNE RÉPONSE TROUVÉE APRÈS LE PREMIER INDICE VAUT CINQ POINTS, APRÈS LE DEUXIÈME, QUATRE POINTS, ET AINSI DE SUITE.

544 Elle est composée notamment d'un bourdon, d'un sac et d'un chalumeau.

545 Il en existe plus d'une centaine de types dans le monde.

546 C'est un instrument à anche.

547 C'est aussi le nom d'une douce chienne vétérinaire.

548 C'est le titre d'une série télévisée pour enfants.

....

549 On l'aurait utilisée autrefois pour chasser les mauvais sorts.

550 Son nom vient du latin « *mustum ardens* » qui signifie « moût brûlant ».

551 Elle est préparée à partir des graines de la plante du même nom.

552 La version à l'américaine est douce et sucrée.

553 Elle peut parfois nous monter au nez.

....

554 L'Américain Charles Osborne l'a eu pendant 68 ans.

555 Il existe plusieurs trucs pour s'en débarrasser.

556 Il peut arriver lorsque l'on mange trop vite.

557 Il est causé par une contraction du diaphragme.

558 C'est un son émis par la vibration des cordes vocales.

....

LA PYRAMIDE AZTÈQUE

LE PREMIER MOT TROUVÉ À L'AIDE DE L'INDICE CONTIENT TROIS LETTRES, LE DEUXIÈME, QUATRE LETTRES, ET AINSI DE SUITE, EN CONSERVANT LA LETTRE DU DÉBUT ET CELLE DE LA FIN.

M G

559 Prénom de l'actrice américaine Ryan

560 Dynastie impériale chinoise

561 Localité des Cantons-de-l'Est

562 Fleuve d'Asie

563 Nom de voiture et de cheval

M E

564 Mollusque bivalve

565 Artiste de scène qui s'exprime sans paroles

566 Dix fois dix fois dix

567 Couvre le bras

568 Capitale des Philippines

SPRINT À RELAIS

VOUS DEVEZ RÉPONDRE À CES QUESTIONS PAR UN MOT DONT LES PREMIÈRES LETTRES CORRESPONDENT AUX QUELQUES DERNIÈRES LETTRES DE LA RÉPONSE PRÉCÉDENTE, SANS ÉGARD AUX ACCENTS.

569 **Lettres de départ: SON**
L'argent peut l'être, midi aussi

570 **Lettres de départ: ANT**
Gris très foncé

571 **Lettres de départ: CITE**
Réservoir qui recueille et conserve les eaux de pluie

572 **Lettres de départ: NE**
Prénommé Paul, il a interprété Butch Cassidy au cinéma

573 **Lettres de départ: MAN**
Rivière exploitée pour son potentiel hydroélectrique

574 **Lettres de départ: GAN**
Grand fleuve indien

575 **Lettres de départ: GE**
Ville suisse sur les bords du Lac Léman

576 **Lettres de départ: EVE**
Région marécageuse du sud de la Floride

MOT DÉCOUPÉ

VOUS DEVEZ TROUVER UN MOT COMPOSÉ DE LA PREMIÈRE SYLLABE SONORE DE CHACUN DES MOTS ILLUSTRÉS.

577 Remettre

....

578 Patrimoine héréditaire

....

579 Instrument de mesure

....

LE MOT SACOCHE

LES MOTS QUI CORRESPONDENT AUX DÉFINITIONS SONT TOUS CONTENUS DANS LE MOT DE DÉPART; DANS L'ORDRE.

Mot de départ : CITROUILLE

580 Grosse peur ....

581 Tissu léger et transparent ....

582 Un des cinq sens ....

583 Adhésif ....

584 Interjection exprimant la douleur

....

Mot de départ : QUINCAILLERIE

585 Petite volaille ....

586 Protège l'oeil ....

587 Ouvrage d'accostage pour les navires

....

588 Se déplacer d'un lieu à un autre

....

589 Peuple disparu ....

ENTREMOTS

LE MOT QUE L'ON CHERCHE CONTIENT LE MOT DÉSIGNANT L'IMAGE, MAIS SANS ÉGARD À L'ORTHOGRAPHE OU À LA PRONONCIATION. UN INDICE EST LÀ POUR VOUS DONNER UNE PISTE DE PLUS.

590 Signe du zodiaque

....

591 Affection de la vue

....

592		Bibitte
		....
593		Crustacé
		....
594		Brasse de l'air
		....

UNE IMAGE VAUT 1000 MOTS

À VOUS DE JOUER MAIS ATTENTION AUX JEUX DE MOTS !

595 De quelle expression s'agit-il ?

....

TRAIN DE MOTS

LES MOTS DE CETTE LISTE DOIVENT ÊTRE REPLACÉS DANS UN ORDRE
PERMETTANT DE CRÉER DES NOMS COMPOSÉS OU DES EXPRESSIONS.

GRAS, TEMPS, RIRE, PASSE, MORT

596 ....

....

QUESTIONS DE LETTRES

ON CHERCHE DES MOTS QUI CONTIENNENT UNE CÉDILLE

597 Sous-vêtement masculin

....

598 Îles de l'Atlantique

....

599 Partie de quelque chose

....

LA PETITE ÉCOLE

LA PETITE ÉCOLE

VOICI 10 VERSIONS DE NOTRE JEU CHOUCHOU. PROFITEZ-EN POUR FORMER DES ÉQUIPES EN FAMILLE OU ENTRE AMIS; VOUS POUVEZ MÊME ORGANISER UN TOURNOI!

PREMIÈRE ANNÉE

Équipe A

600 Comment appelle-t-on la partie de la plante qui supporte la fleur ?

....

Équipe B

601 Comment se nomme la saison durant laquelle on joue dans de belles feuilles colorées ?

....

DEUXIÈME ANNÉE

Équipe A

602 Place les mots dans l'ordre pour créer une phrase : joue, ses, avec, Lucie, blocs.

....

Équipe B

603 Zoé a 16 gommes. Mylène en a 10 de plus que Zoé. Combien Mylène a-t-elle de gommes ?

....

TROISIÈME ANNÉE

Équipe A

604 Quelles sont les deux couleurs de gouache que je dois mélanger pour obtenir du orange?

Équipe B

605 Quel est le septième mois de l'année?

QUATRIÈME ANNÉE

Équipe A

606 Trouve les 2/5 de 20.

Équipe B

607 Comment nomme-t-on les personnes dont la langue maternelle est le français?

CINQUIÈME ANNÉE

Équipe A

608 Comment dit-on le mot « chèvre » en anglais?

Équipe B

609 Dans quelle ville du Québec se trouve le parlement?

....

SIXIÈME ANNÉE

Équipe A

610 Quelle est la capitale du Yukon?

....

Équipe B

611 Conjugue le verbe « être » à la première personne du pluriel, au passé simple de l'indicatif.

....

PREMIÈRE SECONDAIRE

Équipe A

612 Quel signe de ponctuation marque une interruption de la parole sans que le propos ait été entièrement énoncé?

....

Équipe B

613 Comment qualifie-t-on un mélange dans lequel on ne peut pas différencier les différents constituants?

....

DEUXIÈME SECONDAIRE

Équipe A

614 En poésie, comment se nomme l'ensemble équivalent à un paragraphe dans la prose ?

....

Équipe B

615 Traduis le mot « moose » en français.

....

TROISIÈME SECONDAIRE

Équipe A

616 De quel type de triangle a-t-on besoin pour fabriquer un hexagone régulier ?

....

Équipe B

617 Quelles ont été les premières particules atomiques à être découvertes ?

....

QUATRIÈME SECONDAIRE

Équipe A

618 Comment se nomme l'instrument utilisé pour mesurer la conductibilité électrique d'un liquide ?

....

Équipe B

619 En quelle année Pierre-Elliot Trudeau devint-il premier ministre du Canada la première fois?

....

CINQUIÈME SECONDAIRE

Équipe A

620 En quelle année est disparu l'ancien premier ministre René Lévesque?

....

Équipe B

621 Qui est l'auteur du recueil poétique « Les Fleurs du mal »?

....

||||||||||||||||||||||||||||||||||||||||||||||||||||||||||||||||

PREMIÈRE ANNÉE

Équipe A

622 Dans l'alphabet, il y a six voyelles et 20 ... (complète la phrase)

....

Équipe B

623 Quel son font les lettres e-a-u ensemble?

....

DEUXIÈME ANNÉE

Équipe A

624 Nomme les quatre points cardinaux ?

Équipe B

625 Trouve le verbe dans cette phrase : « Les élèves mangent à la cafétéria »

TROISIÈME ANNÉE

Équipe A

626 Trouve les noms dans la phrase suivante : « Le chat dort sur le tapis ».

Équipe B

627 Combien font trois centaines + deux dizaines + six unités ?

QUATRIÈME ANNÉE

Équipe A

628 Comment dit-on « théière » en anglais ?

629 Quelle est la capitale du Canada ?

....

CINQUIÈME ANNÉE

Équipe A

630 Calcule le périmètre d'un rectangle de 4 cm par 6 cm.

....

Équipe B

631 Ajoute six dixièmes au nombre 236,38.

....

SIXIÈME ANNÉE

Équipe A

632 Nomme les provinces atlantiques du Canada.

....

Équipe B

633 Pour quel événement le métro de Montréal a-t-il principalement été construit ?

....

PREMIÈRE SECONDAIRE

Équipe A

634 Que font 50 % de 75 % de 400 ?

....

Équipe B

635 Qui a énoncé les lois de la gravitation universelle ?

....

DEUXIÈME SECONDAIRE

Équipe A

636 Quelle couche atmosphérique est la plus rapprochée de la Terre ?

....

Équipe B

637 Quel est le symbole chimique du mercure ?

....

TROISIÈME SECONDAIRE

Équipe A

638 En anglais, comment nomme-t-on un serveur dans un bar ou dans un restaurant ?

....

Équipe B

639 Quel type de phrase sert à exprimer un ordre ?

....

QUATRIÈME SECONDAIRE

Équipe A

640 Quel dramaturge né en 1911 a écrit
« La Ménagerie de verre » ?

....

Équipe B

641 Dis en anglais : « Pierre ira à Montréal en fin de semaine prochaine. »

....

CINQUIÈME SECONDAIRE

Équipe A

642 Nomme trois facteurs qui influencent les gaz.

....

Équipe B

643 Quelle figure de style est utilisée dans cette célèbre publicité : « On en a des tonnes de copies ! » ?

....

PREMIÈRE ANNÉE

Équipe A

644 Quels chiffres forment le nombre 14 ?

Équipe B

645 Combien y a-t-il de syllabes dans le mot « éléphant » ?

DEUXIÈME ANNÉE

Équipe A

646 Complète la suite de nombres : 85, 83, 81, 79.

Équipe B

647 Combien y a-t-il de dizaines dans une centaine ?

TROISIÈME ANNÉE

Équipe A

648 Conjugue et épelle le verbe « peser » au présent de l'indicatif, à la 3ième personne du pluriel.

649 Quelle est l'étoile la plus proche de notre planète ?

....

QUATRIÈME ANNÉE

Équipe A

650 Combien y a-t-il de millimètres dans trois décimètres ?

....

Équipe B

651 Dans quelle ville est situé le Château Frontenac ?

....

CINQUIÈME ANNÉE

Équipe A

652 Conjugue le verbe « devoir » au conditionnel présent, à la deuxième personne du pluriel.

....

Équipe B

653 Comment dit-on le verbe « chanter » en anglais ?

....

SIXIÈME ANNÉE

Équipe A

654 Sur quel cours d'eau québécois est installée la centrale hydroélectrique Manic 5 ?

....

Équipe B

655 Quel est le nom du fleuve que l'on peut apercevoir à Rimouski ?

PREMIÈRE SECONDAIRE

Équipe A

656 De quelle classe d'animaux font partie les grenouilles ?

....

Équipe B

657 À quel temps de l'indicatif le verbe de cette phrase est-il conjugué : « J'aurai terminé ce travail à ton arrivée » ?

....

DEUXIÈME SECONDAIRE

Équipe A

658 Combien y a-t-il de parallèles de chaque côté de l'équateur ?

....

Équipe B

659 Comment nomme-t-on une oeuvre d'art qui comporte plusieurs couleurs de la gamme chromatique?

....

TROISIÈME SECONDAIRE

Équipe A

660 Quel est le nom de la plus grande artère du corps humain?

....

Équipe B

661 Quelle science étudie et tente de reconstituer l'histoire de l'humanité en se servant de ses vestiges matériels?

....

QUATRIÈME SECONDAIRE

Équipe A

662 En poésie, comment se nomment les rimes adoptant la disposition AABB?

....

Équipe B

663 Quel goût a le composé moléculaire NaCl?

....

CINQUIÈME SECONDAIRE

Équipe A

664 Par quelle lettre représente-t-on un échange de chaleur en chimie et en physique ?

....

Équipe B

665 Quelle figure de style est utilisée dans cette phrase : « Mains froides, coeur chaud » ?

....

||||||||||||||||||||||||||||||||||||||||||||||||||||||||||||||||||

PREMIÈRE ANNÉE

Équipe A

666 Comment appelle-t-on le petit de la chatte ?

....

Équipe B

667 Sur une horloge, que lit la grande aiguille ?

....

DEUXIÈME ANNÉE

Équipe A

668 Quel est le pluriel de « un oeil » ?

....

Équipe B

669 Combien y a-t-il de dizaines dans le nombre 80 ?

....

TROISIÈME ANNÉE

Équipe A

670 Que font 9 X 7 ?

....

Équipe B

671 Quel est le pluriel du mot « carnaval » ?

....

QUATRIÈME ANNÉE

Équipe A

672 Que font 20 X 16 ?

....

Équipe B

673 Dans la phrase suivante, trouvez le verbe et mettez-le à l'infinitif : « Mon amie Julie va à la piscine. »

....

CINQUIÈME ANNÉE

Équipe A

674 Dans un orchestre, comment appelle-t-on la section où jouent les violons ?

....

Équipe B

675 Qui a composé « L'Hymne à la joie » ?

....

SIXIÈME ANNÉE

Équipe A

676 Calcul mental : Que font 222 X 4 ?

....

Équipe B

677 Qui serait l'inventeur connu du téléphone ?

....

PREMIÈRE SECONDAIRE

Équipe A

678 Conjugue le verbe « pouvoir » à la 2e personne du pluriel, au passé simple de l'indicatif.

....

Équipe B

679 Que font -18 plus -12 (-18 + -12)?

....

DEUXIÈME SECONDAIRE

Équipe A

680 Quelle est la valeur de X dans l'équation suivante?
X + 5 - 2 = 7

....

Équipe B

681 Résous l'équation suivante : -11 fois X = -77. Quelle est la valeur de X?

....

TROISIÈME SECONDAIRE

Équipe A

682 En arts visuels, comment appelle-t-on un motif effectué par des rotations successives du motif de base?

....

Équipe B

683 Comment se nomme un court récit issu de la tradition orale comportant des événements irréels et se situant à une époque indéfinie ?

....

QUATRIÈME SECONDAIRE

Équipe A

684 Quels types de particules retrouve-t-on dans le noyau d'un atome ?

....

Équipe B

685 Quelle lettre symbolise l'unité de puissance électrique ?

....

CINQUIÈME SECONDAIRE

Équipe A

686 Quel événement à New York est associé au 24 octobre 1929 ?

....

Équipe B

687 Tu regardes un poisson dans un aquarium et il te semble plus gros et plus près qu'il ne l'est en réalité. Comment s'appelle ce phénomène optique ?

....

PREMIÈRE ANNÉE

Équipe A

688 Mettre en ordre décroissant les nombres suivants :
11, 21, 15, 30

Équipe B

689 Nomme un nombre entre 15 et 21.

DEUXIÈME ANNÉE

Équipe A

690 Si j'ai 10 grosses pierres et que mon ami en a 18.
Combien avons-nous de grosses pierres en tout ?

Équipe B

691 L'eau peut se présenter sous trois formes. Elle peut être
liquide ou solide. Quelle est sa troisième forme ?

TROISIÈME ANNÉE

Équipe A

692 Combien de surfaces composent un cube ?

693 Quelle est la racine carrée de 9?

....

QUATRIÈME ANNÉE

Équipe A

694 Si, dans ma ferme, j'ai cinq vaches, combien ont-elles de sabots en tout?

....

Équipe B

695 Combien y a-t-il de voyelles dans le mot « ornithorynque »?

....

CINQUIÈME ANNÉE

Équipe A

696 Comment nomme-t-on la personne qui dirige une ville?

....

Équipe B

697 Quelle est la capitale de la Saskatchewan?

....

SIXIÈME ANNÉE

Équipe A

698 Conjugue le verbe « gésir » à la 3ᵉ personne du singulier de l'indicatif présent

....

Équipe B

699 Dans quel pays d'Europe le peintre Pablo Picasso est-il né?

....

PREMIÈRE SECONDAIRE

Équipe A

700 Quel est le plus petit commun multiple de 8 et 12?

....

Équipe B

701 La plupart des mots en « eu » se terminent par « eux » au pluriel. Nomme une exception.

....

DEUXIÈME SECONDAIRE

Équipe A

702 La classe à laquelle appartient un animal dépend entre autres de la nourriture qu'il mange. De ce point de vue, dans quel groupe classe-t-on le colibri?

....

Équipe B

703 Le mot « parmi » est-il un adverbe, une préposition, une conjonction ou un déterminant ?

....

TROISIÈME SECONDAIRE

Équipe A

704 Quel élément nutritif est la principale source d'énergie du corps ?

....

Équipe B

705 Quelle région administrative se situe au sud de l'île de Montréal ?

....

QUATRIÈME SECONDAIRE

Équipe A

706 Conjugue le verbe « absoudre » à la première personne du singulier du subjonctif passé.

....

Équipe B

707 En statistique, quelle mesure nous renseigne sur l'étalement des données ?

....

CINQUIÈME SECONDAIRE

Équipe A

708 Le pH d'un échantillon A est de 6. Un échantillon B montre un pH de 3. Quel échantillon est le moins acide ?

....

Équipe B

709 Combien d'états comptent les États-Unis ?

....

||||||||||||||||||||||||||||||||||||||||||||||||||||||||||||||||||||||||||||||

PREMIÈRE ANNÉE

Équipe A

710 Quelle lettre suit le H dans l'alphabet ?

....

Équipe B

711 Dis « pomme » en anglais.

....

DEUXIÈME ANNÉE

Équipe A

712 Mets la phrase suivante en ordre :
Mon mange clôture la cheval.

Équipe B

713 Si je cours un mètre, combien ai-je couru de décimètres ?

TROISIÈME ANNÉE

Équipe A

714 Quel est le féminin de « tigre » ?

Équipe B

715 Comment appelle-t-on un angle plus petit qu'un angle droit ?

QUATRIÈME ANNÉE

Équipe A

716 Comment se nomme un triangle qui a un angle droit ?

Équipe B

717 Nomme la classe de mot (ou nature) du mot
« extraordinaire »

....

CINQUIÈME ANNÉE

Équipe A

718 Quelle est la fleur emblématique du Québec ?

....

Équipe B

719 Quel est le plus gros mammifère au monde ?

....

SIXIÈME ANNÉE

Équipe A

720 Combien de mètres y a-t-il dans un kilomètre ?

....

Équipe B

721 En musique, si la noire vaut un temps, combien vaut la
ronde ?

....

PREMIÈRE SECONDAIRE

Équipe A

722 Trouve un synonyme, en anglais, au mot anglais « *pupil* ».

Équipe B

723 Comment appelait-on les aventuriers espagnols qui firent la conquête de l'Amérique au XVIe siècle ?

DEUXIÈME SECONDAIRE

Équipe A

724 En anglais, quel pronom utilise-t-on pour remplacer un objet, une chose ou un animal ?

Équipe B

725 Donne un synonyme de « cabot ».

TROISIÈME SECONDAIRE

Équipe A

726 Comment se nomme le retrait d'une ligne annonçant un nouveau paragraphe dans un texte ?

727 Quel nom donne-t-on à une particule composée d'atomes formant la plus petite quantité d'un corps simple existant à l'état libre ?

....

QUATRIÈME SECONDAIRE

Équipe A

728 Je suis un phénomène de réduction importante de la résistivité électrique qui se manifeste lorsque des matériaux sont soumis à des températures proches de zéro degré Kelvin. Qui suis-je ?

....

Équipe B

729 Quelle partie de l'encéphale humain contrôle la coordination ?

....

CINQUIÈME SECONDAIRE

Équipe A

730 Quel événement majeur dans l'histoire de l'humanité s'est produit le 6 août 1945 ?

....

Équipe B

731 Comment nomme-t-on les cellules sanguines qui défendent notre organisme ?

....

PREMIÈRE ANNÉE

Équipe A

732 Quel est le symbole du centimètre ?

....

Équipe B

733 Combien y a-t-il de côtés dans un losange ?

....

DEUXIÈME ANNÉE

Équipe A

734 À quelle classe de mots appartiennent les mots suivants : beau, gentil et intelligent ?

....

Équipe B

735 Jérémie a deux poires et Jeanne en a dix de plus de lui. Combien ont-ils de poires ensemble ?

....

TROISIÈME ANNÉE

Équipe A

736 Combien retrouve-t-on de pièces de 10 cents dans 4 $?

Équipe B

737 Conjugue le verbe « aimer » à l'imparfait.

QUATRIÈME ANNÉE

Équipe A

738 Pierre a 50 billes. Il veut les séparer en parts égales entre ses 10 amis. Combien auront-ils de billes chacun ?

Équipe B

739 Comment appelle-t-on les habitants de l'Acadie ?

CINQUIÈME ANNÉE

Équipe A

740 Trouve le produit de 25 X 9 (mentalement).

741 Par quel nombre doit-on remplacer N dans l'équation
suivante : 2 X N = 72

SIXIÈME ANNÉE

Équipe A

742 Épelle le verbe « avoir » au passé simple, à la 3e personne
du pluriel.

Équipe B

743 En histoire, comment appelle-t-on la méthode de
classement des dates, de la plus ancienne à la plus
récente ?

PREMIÈRE SECONDAIRE

Équipe A

744 Traduis le verbe « perdre » en anglais et conjugue-le
au passé.

Équipe B

745 Quel est le pluriel du mot anglais « mouse » ?

DEUXIÈME SECONDAIRE

Équipe A

746 Je suis un signe de ponctuation utilisé pour séparer deux propositions indépendantes, mais unies par le sens? Qui suis-je?

Équipe B

747 Traduis le verbe « dormir » en anglais et conjugue-le au passé.

TROISIÈME SECONDAIRE

Équipe A

748 Dans quelle province canadienne trouve-t-on le fleuve Fraser?

Équipe B

749 Comment accorde-t-on l'adjectif « bleu pâle » dans la phrase : « Elle avait des vêtements … »?

QUATRIÈME SECONDAIRE

Équipe A

750 Quel est le plus grand organe du corps humain ?

Équipe B

751 Qui fut premier ministre tout de suite après la formation de la Confédération canadienne ?

CINQUIÈME SECONDAIRE

Équipe A

752 Quel président américain, à l'origine du New Deal, a redonné espoir à l'Amérique durant la Grande Dépression des années 30 ?

Équipe B

753 Comment appelle-t-on la période de la préhistoire durant laquelle les humains faisaient usage d'outils en pierre taillée ?

PREMIÈRE ANNÉE

Équipe A

754 Quel nombre vient après 12 ?

....

Équipe B

755 Quel est le genre du mot « chaise » ?

....

DEUXIÈME ANNÉE

Équipe A

756 Épelle le mot « hibou » au pluriel.

....

Équipe B

757 Nomme les nombres impairs jusqu'à 15.

....

TROISIÈME ANNÉE

Équipe A

758 Nomme les multiples de 2 jusqu'à 20.

....

Équipe B

759 Conjugue le verbe « avoir » à la première personne du pluriel, à l'imparfait de l'indicatif.

....

QUATRIÈME ANNÉE

Équipe A

760 Quelle est la capitale du Nouveau-Brunswick ?

....

Équipe B

761 Conjugue le verbe « aller » au futur simple, à la première personne du pluriel.

....

CINQUIÈME ANNÉE

Équipe A

762 Comment épelle-t-on le mot « guimauve » en anglais ?

....

Équipe B

763 Avec quelle ressource naturelle produit-on l'hydroélectricité ?

....

SIXIÈME ANNÉE

Équipe A

764 Conjugue le verbe « faire » à l'impératif présent.

....

Équipe B

765 Comment s'appelle un triangle dont tous les côtés sont inégaux ?

PREMIÈRE SECONDAIRE

Équipe A

766 En quelle année a débuté la Révolution tranquille au Québec ?

....

Équipe B

767 À quel temps de l'indicatif le verbe de cette phrase est-il conjugué : « J'avais pris le train » ?

....

DEUXIÈME SECONDAIRE

Équipe A

768 En météorologie, quel instrument sert à mesurer l'humidité de l'air ?

....

Équipe B

769 En quelle année la Confédération du Canada est-elle entrée en vigueur ?

....

TROISIÈME SECONDAIRE

Équipe A

770 Épelle le verbe « faire » au passé simple, à la deuxième personne du pluriel.

....

Équipe B

771 Comment se nomme le phénomène par lequel les plantes produisent leur propre nourriture ?

....

QUATRIÈME SECONDAIRE

Équipe A

772 Comment appelle-t-on l'ensemble des fruits charnus à noyau tels la cerise, la prune et la pêche ?

....

Équipe B

773 Traduis en anglais : « Je me baignais quand il a commencé à pleuvoir ».

....

CINQUIÈME SECONDAIRE

Équipe A

774 Conjugue le verbe « muer » à la première personne du singulier, au passé simple de l'indicatif.

Équipe B

775 Quelle province canadienne produit le plus de pétrole ?

PREMIÈRE ANNÉE

Équipe A

776 Traduis en anglais la phrase suivante : « J'aime mon chien ».

Équipe B

777 Si je dis « les garçons », quelle lettre à la fin du mot « garçon » indique qu'il y en a plus d'un ?

DEUXIÈME ANNÉE

Équipe A

778 Quelle heure est-il si la grande aiguille est à 12 et la petite à 6 ?

....

Équipe B

779 Quel est l'avant-dernier mois de l'année ?

....

TROISIÈME ANNÉE

Équipe A

780 Combien le mois de février compte-t-il de jours ?

....

Équipe B

781 Marie a sept ans. Son frère est deux fois plus âgé qu'elle. Quel âge a son frère ?

....

QUATRIÈME ANNÉE

Équipe A

782 Résous cette équation : « J'ai 36 cartes à donner à mes six amis. Je veux que chacun ait le même nombre de cartes. Combien chaque ami en recevra-t-il ? »

....

Équipe B

783 Comment s'appelle la forme géométrique qui possède quatre angles droits, quatre côtés isométriques et deux paires de côtés parallèles ?

....

CINQUIÈME ANNÉE

Équipe A

784 Comment appelle-t-on un angle de 91 degrés et plus ?

....

Équipe B

785 Comment appelle-t-on la fleur que l'on retrouve sur le drapeau du Québec ?

....

SIXIÈME ANNÉE

Équipe A

786 En quelle année a débuté la Première guerre mondiale ?

....

Équipe B

787 En France, comment est appelé le soccer ?

....

PREMIÈRE SECONDAIRE

Équipe A

788 Quel art martial implique de porter une armure et un masque ?

....

Équipe B

789 En anglais, quel est le pluriel du mot « life » ?

....

DEUXIÈME SECONDAIRE

Équipe A

790 Quel roi de France a été surnommé le Roi Soleil ?

....

Équipe B

791 Je suis un objet ou une substance liée au monde vivant, renfermé depuis longtemps dans les roches par un processus d'enfouissement ou d'infiltration. Qui suis-je ?

....

TROISIÈME SECONDAIRE

Équipe A

792 Que signifie le préfixe « hémi » ?

....

Équipe B

793 En anglais, comment dit-on : « J'ai faim » ?

QUATRIÈME SECONDAIRE

Équipe A

794 Dans le plan cartésien, comment s'appelle le point dont les coordonnées sont (0,0) ?

Équipe B

795 Nomme un métal qui réagit à la présence d'un aimant ?

CINQUIÈME SECONDAIRE

Équipe A

796 Quel manifeste les artistes Paul-Émile Borduas, Jean-Paul Riopelle, Marcel Barbeau et Marcelle Ferron, entre autres, ont-ils signé et publié en 1948 ?

Équipe B

797 Quel président des États-Unis était en poste quand la bombe atomique fut lancée sur Hiroshima ?

PREMIÈRE ANNÉE

Équipe A

798 Qui est le papa de ton papa pour toi?

Équipe B

799 Combien y a-t-il de jours dans la semaine?

DEUXIÈME ANNÉE

Équipe A

800 Quelle est la solution du problème suivant:
(3 X 2) + (5 X 1)?

Équipe B

801 Dans le dictionnaire, quel mot vient en premier:
pantalon ou nuage?

TROISIÈME ANNÉE

Équipe A

802 Quel est l'intru parmi les mots suivants: Mélissa, Québec,
cousine, Luc?

Équipe B

803 Comment nomme-t-on le résultat de la multiplication ?

....

QUATRIÈME ANNÉE

Équipe A

804 Comment appelle-t-on le point de rencontre
de deux arêtes ?

....

Équipe B

805 Quelle est la valeur de l'expression mathématique
« 5 exposant 3 » ou « 5 à la puissance 3 » ?

....

CINQUIÈME ANNÉE

Équipe A

806 Le mot « épreuve » est-il féminin ou masculin ?

....

Équipe B

807 Comment se nomment les nuages qui se présentent
sous forme de filaments blancs, de bandes étroites,
ressemblant à des mèches de cheveux ?

....

SIXIÈME ANNÉE

Équipe A

808 Dans quel pays se trouve la ville de Florence?

Équipe B

809 Combien y a-t-il de faces dans une pyramide à base carrée?

PREMIÈRE SECONDAIRE

Équipe A

810 Comment nomme-t-on une demi-droite qui coupe un angle en deux parties égales?

Équipe B

811 Si tu dois payer 100 $ pour 20 billets de spectacle, combien coûte chaque billet?

DEUXIÈME SECONDAIRE

Équipe A

812 Quel est le participe passé du verbe « take »?

Équipe B

813 Avant l'arrivée des explorateurs européens, quelles étaient les trois activités pratiquées par les autochtones pour se nourrir ?

TROISIÈME SECONDAIRE

Équipe A

814 En météo, quel autre nom donne-t-on à une zone de haute pression ?

Équipe B

815 Comment nomme-t-on le mélange épais de brouillard, de fumée et de polluants atmosphériques qu'on retrouve au-dessus des villes ?

QUATRIÈME SECONDAIRE

Équipe A

816 Quelle fonction occupait Jean Lesage durant la Révolution tranquille au Québec ?

Équipe B

817 Comment s'appelle le côté le plus long d'un triangle rectangle ?

CINQUIÈME SECONDAIRE

Équipe A

818 Nomme la figure de style présente dans l'expression : « Monter en haut ».

....

Équipe B

819 À quel domaine artistique associent-on les étoiles Louis Robitaille et Anick Bissonnette ?

....

QUESTIONS POUR LES CHAMPIONS

MESUREZ-VOUS À NOS CONCURRENTS ET ARTISTES !
LES QUESTIONS QUI SUIVENT ONT DÉJOUÉ
TOUT LE MONDE LORS DES ENREGISTREMENTS
DE L'ÉMISSION. BONNE CHANCE !

À PREMIÈRE VUE

IL FAUT D'ABORD IDENTIFIER LA PREMIÈRE SYLLABE SONORE DU MOT REPRÉSENTÉ PAR L'IMAGE. CETTE SYLLABE EST ÉGALEMENT LA PREMIÈRE SYLLABE DE LA RÉPONSE.

820   Petit d'un animal de ferme

           ....

821   Condiment

           ....

822   Perruque (familier)

           ....

823   Dogme central de la religion hindouiste

           ....

824   Pachyderme

           ....

825   Avion à usage particulier

           ....

826   Il a été remplacé par le courriel

           ....

827 On y dépose des notes

....

ÇA COMMENCE PAR... ÇA FINIT PAR ...

ON CHERCHE ICI DES MOTS QUI COMMENCENT PAR LE SON « TON »

828 Dans les pommes, en amour ou pile ....

829 Ville du centre du Mali ....

830 Archipel de la Polynésie où l'on parle anglais et tonguien.

....

ON CHERCHE UN MOT QUI FINIT PAR LE SON « TON »

831 Alliage de cuivre et de zinc ....

ON CHERCHE UN MOT QUI FINIT PAR LE SON « RO »

832 Le moineau en est un ....

ON CHERCHE UN MOT QUI FINIT PAR LE SON « RIÉ »

833 Qui a renoncé au célibat ....

ON CHERCHE DES MOTS QUI FINISSENT PAR LE SON « LI »

834 Sa capitale est Canberra ....

835 Épouse du dieu indou Shiva ....

ON CHERCHE ICI DES MOTS QUI COMMENCENT PAR LE SON « ÈSSE »

836 Plante aromatique ....

837 Petite embarcation ....

838 Partie inférieure de l'épaule ....

ANIMAGES

VOUS DEVEZ TROUVER UNE ANAGRAMME AU MOT ÉCRIT EN LETTRES MAJUSCULES, À L'AIDE DE LA PHRASE ET DE L'ILLUSTRATION PROPOSÉES POUR CHAQUE QUESTION. UNE ANAGRAMME EST UN MOT QUI CONTIENT LES MÊMES LETTRES QU'UN AUTRE MOT, MAIS DANS UN AUTRE ORDRE ET SANS ÉGARD AUX ACCENTS.

839 Je fus SALUÉ sous un grand ...

....

840 Il ferma son MAGNÉTO et partit faire le ...

....

841 Ces IGNARES ne savaient pas où mettre leur ...

....

842 Ce CRÉTIN n'avait d'autre but dans la vie que de se promener avec un ...

....

843 Pour demander la CHARITÉ il jouait de la ...

....

844 C'était ÉLECTRISANT de le voir jouer avec deux ...

....

845 En VOYAGE il aimait bien de temps en temps manger une ...

....

846 MÉFIANTES, elles le regardèrent lire son ...

....

FAITES LA PAIRE

CE JEU CONSISTE À TROUVER, À PARTIR DE DEUX ÉLÉMENTS, UN TROISIÈME QUI LES LIE OU PERMET DE LES COMBINER.

847 Bénit
Blanc

....

848 Golf
   Gris
   ....

849 Connaissance
   Dépistage
   ....

850 Amour
   Noblesse
   ....

851 Mouche
   Voile
   ....

852 Noire
   Pâte
   ....

853 Buvard
   Carbone
   ....

854 Brise
   Étincelles
   ....

855 Glace
   Tout
   ....

APPROXIMOT

LA QUESTION VOUS MÈNE À UN MOT COMPOSÉ DES MÊMES LETTRES QUE
LE MOT ILLUSTRÉ, SAUF UNE (SANS ÉGARD AUX ACCENTS).

856 Quelconque

   ....

857 Sons

   ....

858 Dans la bouche

   ....

859 Groupe déchaîné

   ....

860 On les trouve dans un poème

....

LA LETTRE PERDUE

À VOUS DE RECONSTITUER LES MOTS CI-DESSOUS EN Y RÉINSÉRANT
LA LETTRE PERDUE.

Lettre perdue : R

861 AGAIE

....

Lettre perdue : A

862 BIFR

....

Lettre perdue : E

863 MNUT

....

Lettre perdue : L

864 AMEE

....

SANS VOYELLES

À VOUS DE RECONSTITUER LES MOTS CI-DESSOUS EN Y RÉINSÉRANT
LES VOYELLES.

865 M_RG_R_T_

....

866 _ _R_G_N

....

867 H_RB_ _ P_ _X

....

868 S_ _ _R

....

869 Q_ _T_

....

870 R_F_R_NC_

....

871 _CH_V_L_ ....

872 B_ _T_ _R ....

873 M_ _S_NN_ _ ....

874 PH_N_T_Q_ _ ....

MOT DÉCOUPÉ

VOUS DEVEZ TROUVER UN MOT COMPOSÉ DE LA PREMIÈRE SYLLABE SONORE DE CHACUN DES MOTS ILLUSTRÉS.

875 Très surpris

....

876 Le sang l'est

....

877 Troupes assemblées pour combattre

....

878 Sous l'arbre de Noël

....

879 Il est très connu même s'il n'existe pas

....

880 C'est un agrume

....

881 Un esprit sain dans un corps sain aide à la tenir loin

....

LES SUBSTITUTS

ON CHERCHE DES EXPRESSIONS CONNUES, PRINCIPALEMENT DES QUÉBÉCISMES ET EXPRESSIONS FAMILIÈRES, DESQUELLES ON A SUBSTITUÉ LES MOTS-CLÉS PAR DES MOTS DE MÊME SENS. À VOUS DE LES RECONSTITUER.

882 Capter le frein avec le système de mastication

....

883 Laisser au moins un oeil ouvert en signe de connivence

....

884 Emmerdant comme une ondée

....

885 Paysage décédé

....

886 Le plaideur du Malin

887 Se retrouver avec les petons dans les bols

888 Réussir deux chocs à partir d'une roche

889 Se tenir à l'intérieur du satellite terrestre naturel

890 Une glace où évoluent des parasites capillaires

891 Faire une giration du métal dans la blessure

LE POINT DU SAVOIR

IDENTIFIEZ LE SUJET À L'AIDE DES INDICES. LE DÉFI RÉSIDE DANS LE FAIT DE NE LIRE QU'UNE SEULE QUESTION À LA FOIS ! À L'ÉMISSION, UNE RÉPONSE TROUVÉE APRÈS LE PREMIER INDICE VAUT CINQ POINTS, APRÈS LE DEUXIÈME, QUATRE POINTS, ET AINSI DE SUITE.

892 Je suis de couleur rouge brun.

893 Mon numéro atomique est 29.

894 La plupart des gisements d'où l'on m'extrait sont situés dans l'hémisphère sud de la Terre.

895 Je suis l'un des métaux industriels les plus utilisés dans le monde.

896 Je suis un excellent conducteur d'électricité.

897 On m'appelle aussi Dapsang et Godwin Austen.

898 Je fais partie du Karakoram, de là mon nom.

899 Je suis situé au Pakistan, aux frontières de la Chine.

900 J'ai été conquis pour la première fois en 1954 par une expédition italienne.

901 M'élevant à plus de 8600 mètres, je suis le deuxième plus haut sommet du monde après l'Everest.

....

902 Nous sommes une sorte de bactérie.

903 Nous nous présentons sous forme de cellules individuelles, de colonies ou de filaments.

904 Comme nous possédons des alvéoles, nous pouvons nous déplacer.

905 Notre nom provient de la phycocyanine, un pigment bleu.

906 Notre prolifération dans les lacs du Québec est préoccupante.

....

À PREMIÈRE VUE

IL FAUT D'ABORD IDENTIFIER LA PREMIÈRE SYLLABE SONORE DU MOT REPRÉSENTÉ PAR L'IMAGE. CETTE SYLLABE EST ÉGALEMENT LA PREMIÈRE SYLLABE DE LA RÉPONSE.

907 Loisir

....

908 C'est une façon d'aromatiser certains cafés

....

909 Elle fait souvent partie de la cérémonie du mariage

....

910 Marmite à vapeur

....

911 Résidu de métal

....

912 Très grande capacité en informatique

....

913 Malstrom

....

FAITES LA PAIRE

CE JEU CONSISTE À TROUVER, À PARTIR DE DEUX ÉLÉMENTS, UN TROISIÈME QUI LES LIE OU PERMET DE LES COMBINER.

914 Vie
Marchandises   ....

915 Bain
Lampe   ....

916 Entente
Baseball   ....

917 Lièvre
Sucré ....

918 Pain
Bois ....

919 Comprimé
Chaud ....

920 Sable
Beauté ....

921 Nerfs
Foie ....

922 Beurre
Lune ....

923 Magie
Piste ....

924 Fer
Honneur ....

925 Étranglement
Bouteille ....

926 Scolaire
Nouvelles ....

927 Courant
Bec ....

928 Malice
Conserve ....

APPROXIMOT

LA QUESTION VOUS MÈNE À UN MOT COMPOSÉ DES MÊMES LETTRES QUE LE MOT ILLUSTRÉ, SAUF UNE (SANS ÉGARD AUX ACCENTS).

929 Pièce de construction

....

930 Récipient

....

931 Certains mollusques en contiennent

....

932 Produit de la combustion

....

933 Cheval croisé

....

934 Unité de mesure anglaise

....

935 Partie du squelette

....

936 Essentiel à la vache pour donner le lait

....

937 Viscère

....

938 Qui obéit au doigt et à l'oeil

....

939 Petit avion sans pilote

....

940 En lambeaux

....

941 Le toit repose dessus

....

942 Copie

....

943 Soin

....

LA VOYELLE COUCOU

TELS LES OEUFS DU COUCOU DÉPOSÉS DANS LE NID D'AUTRES OISEAUX, UNE VOYELLE A REMPLACÉ ICI TOUTES LES AUTRES VOYELLES DU MOT QUE L'ON CHERCHE. ATTENTION, LA VOYELLE COUCOU NE PEUT PAS SE TROUVER DANS LA RÉPONSE.

Voyelle coucou : O

944 CORDONOL ....

945 ROTONOO ....

946 DOPOSTOOR ....

947 VONOSO ....

Voyelle coucou : E

948 MECERENE ....

949 MEESSEKE ....

950 MELEREE ....

951 HERECET ....

952 PERTEEN ....

953 CLEMETESETEEN ....

954 ECCEPET ....

Voyelle coucou : I

955 MINIMINT ....

956 FIICIN ....

957 BIITLIS ....

958 QIIII ....

959 MILGRI ....

960 JIINIR ....

ENTREMOTS

LE MOT QUE L'ON CHERCHE CONTIENT LE MOT DÉSIGNANT L'IMAGE, MAIS SANS ÉGARD À L'ORTHOGRAPHE OU À LA PRONONCIATION. UN INDICE EST LÀ POUR VOUS DONNER UNE PISTE DE PLUS.

961 Affection du pied du marcheur

....

962 Tels le fer et l'étain

....

963 Arbre

....

964 Petit contenant de carton

....

965 Qui ne peut pas mourir

....

966 Aide à l'écoulement des eaux

....

967 Poisson

....

968 Bateau

....

LA LETTRE DE TROP

UNE LETTRE DE TROP EST INSÉRÉE DANS LES MOTS-INDICES. MÊME SI CETTE LETTRE BROUILLE LES PISTES, IL VOUS FAUT IDENTIFIER LE MOT QUI S'Y CACHE !

969 LAPITON ....

970 EPAGEANINIE ....

971 SOTRICOT ....

972 TASPIC ....

973 FUGRACER ....

974 ÉRNYTHÈME ....

975 FRAISQUETA ....

976 NAUTINSME ....

977 PONPUNLARITÉ ....

978 A RCAPERLLA ....

979 PLANTIN ....

980 VIGANDEUX ....

LES DÉS À DÉCOUDRE

LE SUJET IDENTIFIÉ SUR LA SURFACE APPARENTE DU DÉ DEVRA SE TROUVER DANS VOTRE RÉPONSE.

981 Roman de Jules Verne, issu de la série des « Voyages extraordinaires »

....

982 Plat qui mijote longtemps

....

983 Expression familière signifiant qu'on réussit quelque chose sans effort

....

984 Homme ou femme de confiance

....

985 Thème de l'Exposition Universelle de 1967

....

LE POINT DU SAVOIR

IDENTIFIEZ LE SUJET À L'AIDE DES INDICES. LE DÉFI RÉSIDE DANS LE FAIT DE NE LIRE QU'UNE SEULE QUESTION À LA FOIS ! À L'ÉMISSION, UNE RÉPONSE TROUVÉE APRÈS LE PREMIER INDICE VAUT CINQ POINTS, APRÈS LE DEUXIÈME, QUATRE POINTS, ET AINSI DE SUITE.

986 Il est né le 25 juin 1963 à Salamanque, en Espagne.

987 Il a étudié en philosophie à l'Université Trent, en Ontario.

988 Il a remporté le célèbre Man Booker Prize en 2002.

989 Il a entretenu une correspondance bien spéciale avec le premier ministre Stephen Harper.

990 Son roman « Histoire de Pi » a été distribué dans une quarantaine de pays.

991 Elle est longue de 496 km.

992 Son bassin de 13 450 km2 s'élève jusqu'à 760 m d'altitude dans le plateau lacustre du Québec-Labrador.

993 Son nom est une déformation française de l'inuit « Uramen », qui signifie « ocre rouge ».

994 À sa source, elle traverse le lac Brûlé.

995 Le 13 mai 2009, le premier ministre Jean Charest y a inauguré les travaux de construction d'un complexe hydroélectrique.

996 Il est né à Londres le 21 décembre 1966.

997 Il est le fils de l'actrice canadienne Shirley Douglas.

998 Il a débuté à l'écran en 1983, aux côtés de son père, dans « Max Dugan returns ».

999 Son père, Donald, a joué dans le film M.A.S.H.

1000 Il incarne Jack Bauer dans la série « 24 heures chrono ».

LES RÉPONSES

Une image vaut 1000 mots
1   L'autoroute de l'acier
     (Autoroute 30)

Ingrédient manquant
2   Michigan

Le courriel
3   Sydney (Nouvelle- Écosse et
     Australie)
4   Ayers Rock
5   un marsupial (de la famille
     des kangourous)
6   un ornithorynque

Animages
7   BERCAIL
8   BRUINE
9   MARINADE

La lettre perdue
10   CORROMPRE
11   GRIMOIRE
12   CORSAIRE
13   FARCEUR
14   PROFANE
15   FESTIF
16   PONTIFE
17   FANFARE

Train de mots
18   Vacances de ski, ski de fond,
     fond de bouteille, bouteille
     de champagne

Les syllabes
19   Sournoisement
20   Têtes-chercheuses
21   Tomber dans les pommes
22   Passagers clandestins
23   Incarcération
24   Zizagant
25   Faire du tapage
26   Nonchalant
27   Historiquement

28   Islandais
29   Arabesque
30   Toucher thérapeutique

Les substituts
31   Se ronger les ongles
32   Perdre une partie de
     serpents et échelles
33   Mes blues passent pu
     dans'porte
34   Donner sa langue au chat
35   Recevoir un compte
     de téléphone

La bête noire
36   Droite - Tous les autres
     mots désignent la
     gauche : « senestre » est un
     terme vieilli; « bâbord » est à
     gauche du bateau;« jardin »
     est à gauche de la scène.

À première vue
37   Image: **POU**BELLE
     Réponse : **POUCE**
38   Image : **CHE**NILLE
     Réponse : **CHE**VALET
39   Image : **VOL**CAN
     Réponse : **VOL**TAIRE
40   Image : **CLÔ**TURE
     Réponse : **CLO**NAGE
41   Image : **NU**AGE
     Réponse : **NU**MÉRO

Son baladeur
42   **LAN**TERNE
43   CALE**N**DES
44   CATA**LAN**
45   **VAN**TARDE
46   É**VEN**TAIL
47   CAPTI**VANT**

Point du savoir
48 à 52   Gaston L'Heureux

Mot découpé

53	MARBRE (**mar**teau, **bre**telles)
54	LASSO (**la**vabo, **so**leil)
55	OSLO (**os**, **lo**comotive)
56	VALENTIN (**va**che, **lam**pe, **tim**bre)
57	AMICAL (**a**beille, **mi**taines, **cal**culette)

Faites la paire

58	NEZ, NÉ
59	NI, NID
60	PIN, PAIN
61	VINGT, VAIN
62	OCCIDENT, OXYDANT
63	HÔTE, HAUTE
64	AOÛT, OU (ou MAI, MAIS)
65	MOU, MOÛT

Une image vaut 1000 mots

66	Avoir du chien (dans le corps)

Classe-toi !

67	Paratonnerre (États-Unis 1752) - Allumette (Angleterre 1830) - Télévision (Angleterre 1924) - Code-barres (États-Unis 1949)

Entremots

68	Image : dattes Réponse : pré(date)ur
69	Image : chou Réponse : (chou)croute
70	Image : ancre Réponse : c(ancre)lat
71	Image : table Réponse : cap(table)
72	Image : selle Réponse : ais(selle)

Sprint à relais

73	**CA**STOR

74	**TOR**ONTO
75	**TO**RD-BOYAUX
76	**AUX**ILIAIRES
77	**RES**TIGOUCHE
78	**HEL**SINKI
79	**KIP**LING
80	**ING**RAT
81	**GRAT**TON
82	**TON**G
83	**ONG**LETS
84	**ÉT**AMINES

Une image vaut 1000 mots

85	Avoir une boule dans la gorge

La bête noire

86	La péladophobie (aussi appelée alopophobie) est la peur des personnes chauves

Une lettre à la fois

87	CLICHÉ
88	CLOCHE
89	CROCHE
90	PROCHE
91	PRUCHE
92	CRUCHE
93	COUCHE
94	TOUCHE

La pyramide aztèque

95	BÉE
96	BILE
97	BELGE
98	BRONZE
99	BABICHE
100	FÉE
101	FINE
102	FRÊNE
103	FACILE
104	FACTICE

La suite
105   Domingo

Une image vaut 1000 mots
106   Le Saint-Siège

Le comptoir des objets trouvés
107   Roy Dupuis
108   Claude Meunier
109   Sydney Crosby

L'ingrédient manquant
110   Jimmy Carter

Les substituts
111   S'arracher les cheveux
112   Pierre qui roule n'amasse pas mousse
113   Mieux vaut prévenir que guérir
114   Deux temps, trois mouvements
115   Prendre ses désirs pour des réalités
116   Apporter de l'eau au moulin
117   Crier famine
118   Mange ta main, garde l'autre pour demain
119   Se faire passer une petite vite
120   On n'attrape pas les mouches avec du vinaigre

Le point du savoir
121 à 125   Dany Laferrière

Une image vaut 1000 mots
126   Un carré aux « dates » (dattes)

Les syllabes
127   Flanquer une raclée
128   Défrayer la chronique
129   Ornementale
130   Synchronicité
131   Tourner à droite

132   Intrinsèque
133   Un détonateur de radar
134   Cordonnier mal chaussé

Pseudonymes
135   Jean-Baptiste Poquelin

Le mot sacoche
136   PERLE
137   PIPETTE
138   SOTTE
139   POTE
140   SAPER
141   ORDRE
142   ETNA
143   RADAR
144   EXODE
145   TORDRE

Train de mots
146   Sucre à glacer, glacer le sang, sang de cochon, cochon d'Inde

Les dés à découdre
147   De bouche à oreille
148   Cogner des clous
149   Avoir le pouce vert
150   Prendre la clé des champs
151   Harry Potter et la Coupe de feu

La voyelle coucou
152   VÉTUSTE
153   SYNERGIE
154   TYMPAN
155   AVENIR
156   FOURGON
157   OUTAOUAIS
158   PIRANHA
159   CUBA

Une image vaut 1000 mots
160   « Chauffer » son char

Classe-toi !

161   1) Cypress 2) Columbia
       3) Sainte-Anne 4) Carleton

Mot découpé

162   PARADIS (**pa**rapluie, **ra**dio,
       dinosaure)
163   TOUPIE (**tou**can, **pi**rate)
164   PLANCHER (**plan**te, **shé**rif)
165   TANTÔT (**tam**bour, **tau**reau)
166   VÉRITÉ (**vé**lo, **ri**z, **té**léphone)

Approximot

167   Image : **B**ALLES
       Réponse : **D**ALLES
168   Image : GUÊ**P**E
       Réponse : GUÈ**R**E
169   Image : **M**ELON
       Réponse : **S**ELON
170   Image : CHAI**S**E
       Réponse : CHA**S**SE
171   Image : SER**P**ENT
       Réponse : SER**G**ENT

Ingrédient manquant

172   Le feu

À première vue

173   Image : **HA**MEÇON
       Réponse : **HA**RICOT
174   Image : **GÂ**TEAU
       Réponse : **GA**LANTERIE
175   Image : **CLA**VIER
       Réponse : **CLA**RINETTE
176   Image : **LOU**PE
       Réponse : **LOUP**-GAROU
177   Image : **DRA**PEAUX
       Réponse : **DRA**MATURGE

Ça commence par... ça finit par...

178   **ES**CALIER
179   **ES**PÉRER
180   **ES**PIÈGLE
181   **ES**TRIE

182   CO**LIS**
183   DÉ**LIT**
184   RAL**LYE**
185   MÉLANCO**LIE**
186   DESJAR**DINS**
187   GOUR**DIN**
188   BOU**DIN**
189   ALA**DIN**

La suite

190   La Renaissance

Une image vaut 1000 mots

191   Conduire comme un pied

Animages

192   TRIBU
193   FRELON
194   ROUGET
195   TAVERNE
196   FOULE

Une lettre à la fois

197   MUTIN
198   LUTIN
199   LATIN
200   LAPIN
201   LOPIN
202   LUPIN
203   SARIS
204   SARIN

Une image vaut 1000 mots

205   Faire du pouce sur une idée

Train de mots

206   Franc-jeu, jeu de cartes,
       cartes du ciel, ciel variable

Le point du savoir

207 à 211   Le Costa Rica
212 à 216   Les araignées

La bête noire

217   Géronte était le Médecin
       malgré lui - mais le terme

désigne maintenant un vieillard crédule.

Un harpagon est un avare, un tartuffe est une personne hypocrite et un amphitryon un hôte qui offre des repas somptueux.

Le comptoir des objets trouvés

218   Cœur de pirate
219   Frère André
220   Guy Laliberté

Faites la paire

221   EN, AN
222   SÈCHE, SEICHE
223   SIEUR, SCIEUR
224   HACHE, H
225   SHOW, CHAUD
226   SEPT, SET
227   SEIN, SAIN
228   TAILLE, THAÏ

Approximot

229   Image : TRAI**N**
      Réponse : TRAI**T**
230   Image : POM**ME**
      Réponse : POM**PE**
231   Image : FL**A**MME
      Réponse : FL**E**MME
232   Image : **C**OQUE
      Réponse : **L**OQUE
233   Image : S**U**CRE
      Réponse : S**A**CRE

Une image vaut 1000 mots

234   Un microclimat

Classe-toi!

235   Mes **frères** m'ont oublié, je suis tombé, je suis **malade**/ Si vous n'me cueillez point, je vais mourir, quelle **ballade**!/ Je me ferai petit, tendre et soumis, je vous le jure/ Monsieur, je vous en prie, délivrez-moi de ma **torture**.

Son baladeur

236   **MA**TINÉE
237   HOM**MA**GE
238   ECZÉ**MA**
239   **PI**LULE
240   CU**PI**DON
241   SOUS-TA**PIS**
242   **PLA**TINE
243   DÉ**PLA**CER
244   RAPLA**PLA**
245   **NU**NAVUT (Le Nunavik est un petit territoire du Québec)
246   SI**NU**EUX
247   DÉTE**NU**

Énigme

248   Vincent (vingt fois cent)
249   Des chiffres pour indiquer votre adresse sur la porte. Un chiffre coûte 3 $, le nombre 10 en comporte deux, donc 6 $, le nombre cent en comporte trois, donc 9 $.
250   C puisqu'il s'agit de l'alternance de l'alphabet croissant et décroissant

La lettre perdue

251   SARCASME
252   PASTIS
253   SECOURISTE
254   TRISTESSE
255   GRATUIT
256   STRICT
257   TOUPET
258   TOITURE

Les substituts

259 Voir la vie en rose
260 Ce n'est pas de la p'tite bière
261 Jeter ses choux gras
262 Être sur le pied de guerre
263 Toucher du bois
264 Tassés comme des sardines
265 En avoir sa claque
266 C'est chouette

La suite

267 Le Serpent

Les dés à découdre

268 En avoir le coeur net
269 Partir (tenir) la tête haute
270 Avoir la chair de poule
271 À pas de tortue
272 Le petit Poisson et le Pêcheur

Le mot sacoche

273 JUIN
274 PRUNE
275 JUPE
276 RIEN
277 PUCE
278 VALABLE
279 RAIE
280 BAL
281 VRAI
282 SELLE

Sans voyelles

283 CINÉMATHÈQUE
284 ARTICULATION
285 PORTIÈRE
286 SOURICEAU
287 MAGNÉSIUM
288 PÉNITENCE
289 COULEUVRE
290 IVROGNE

Pseudonymes

291 Gordon Sumner

Entremots

292 Image : brique
Réponse : fa(brique)r
293 Image : lime
Réponse : sub(limes)
294 Image : aiguille
Réponse : (aiguille)age
295 Image : banc
Réponse : (banc)aire
296 Image : harpe
Réponse : éc(harpe)

Le point du savoir

297 à 301 Le sous-marin
302 à 306 Les doigts
307 à 311 L'oursin

La pyramide aztèque

312 LÉO
313 LENO
314 LÉOLO
315 LAVABO
316 LUMBAGO
317 BUG
318 BING
319 BOURG
320 BOEING
321 BEIJING

À première vue

322 Image : **VA**CHE
Réponse : **VA**NILLE
323 Image : **BO**TTES
Réponse : **BO**TANIQUE
324 Image : **CHAN**DELLES
Réponse : **CHAN**VRE
325 Image : **FOUR**CHETTES
Réponse : **FOUR**MIS
326 Image : **STÉ**THOSCOPE
Réponse : **STÉ**RILE

Une image vaut 1000 mots

327 La pédale au tapis

Ça commence par... ça finit par...

328 **SOU**RIRE
329 **SOU**BRESAUT
330 **SOU**PE
331 **SOU**VENT
332 **BER**LIN
333 **BER**MUDA
334 **BER**BÈRE
335 **BER**NACHE
336 POUS**SIN**
337 ABYS**SIN**
338 LAR**CIN**
339 VAC**CIN**

La bête noire

340 Trompe d'Eustache

Le mot sacoche

341 ÉCOLE
342 COQUE
343 ÉLAN
344 MANQUE
345 COLIQUE
346 CACTUS
347 RICTUS
348 CRISE
349 CARIE
350 ARTISTE
351 TU

Train de mots

352 Monter la garde, garde-chasse, chasse-neige, neige éternelle

Approximot

353 Image : ES**C**ALIER
Réponse : ES**P**ALIER
354 Image : BOÎTE
Réponse : BOTTE
355 Image : **B**RIQUE
Réponse : **C**RIQUE

356 Image : **F**RAISE
Réponse : **B**RAISE
357 Image : **A**IL
Réponse : **C**IL
358 Image : **L**APIN
Réponse : **S**APIN
359 Image : A**N**GUILLE
Réponse : AIGUILLE
360 Image : B**Û**CHES
Réponse : BICHES
361 Image : **W**AGON
Réponse : **L**AGON

Une image vaut 1000 mots

362 Monter en épingle

L'ingrédient manquant

363 Le cèdre

Questions de lettres

364 PÔLE
365 CHÂLE
366 PÂLE
367 TÔT
368 OSLO
369 YO-YO
370 TOGO
371 BONO
372 GANG
373 GROG
374 GOULAG
375 GINSENG

La suite

376 Heptagone

La lettre perdue

377 ESCRIME
378 VESTIGE
379 EMPÊCHER
380 SCEPTRE
381 ORGELET
382 GRAVELLE
383 ONGLE, LONGE

384   ÉMAILLER

Énigme
385   Les amis n'ont pas joué ensemble.

Une image vaut 1000 mots
386   Une patate chaude

La voyelle coucou
387   VESTON
388   ROTULE
389   CHENIL
390   PIOCHE
391   ANCIEN
392   SANGLIER
393   BRIOCHE
394   ORATEUR
395   GÉNÉRALEMENT
396   ONGUENT
397   GRUAU
398   NEPTUNE

Animages
399   CANARI
400   KIMONOS
401   MINET
402   ASSIETTE
403   ASTRE

Entremots
404   Image : oie
        Réponse : ab(oie)ment
405   Image : âne
        Réponse : c(âne)vas
406   Image : loup
        Réponse : canta(loup)
407   Image : table
        Réponse : car(table)
408   Image : billes
        Réponse : ha(bille)ment

Sprint à relais
409   **MEN**TIR
410   **TIR**ADE

411   **DE**NVER
412   **ENVER**GURE
413   **RE**NÉE ZELLWEGER
414   **GER**MAINS
415   **AINS**I
416   **SI**NUEUX

Une image vaut 1000 mots
417   S'enfarger dans les fleurs du tapis

Classe-toi !
418   1) Kurt Wallander (Suède), 2) Hercule Poirot (Belgique), 3) Sherlock Holmes (Angleterre), 4) Harry Bosh (États-Unis)

Son baladeur
419   **SI**GNALER
420   SI**CI**LE
421   IMPRÉ**CIS**
422   **FRE**LUQUET
423   COF**FRE**-FORT
424   BALA**FRE**
425   **VI**SIBLE
426   IN**VI**TÉ
427   BOLI**VIE**
428   **TON**DEUSE
429   PÉ**TON**CLE
430   MARMI**TON**

Mot découpé
431   PÉNICHE (**pé**lican, **ni**d, **che**val)
432   CHAUSSURES (**chau**ssettes, **su**cette, **re**nard)
433   SALÉ (**sa**blier, **lé**zard)
434   TUBA (**tu**lipes, **bât**on)
435   BOLÉRO (**bo**bines, **lé**gumes, **ro**se)

À première vue
436   Image : **PER**ROQUET
        Réponse : **PER**DU

437 Image : **É**GLISE
Réponse : **É**TOILES

438 Image : **THER**MOMÈTRE
Réponse : **TER**MITES

439 Image : **CA**RAMBOLE
Réponse : **CA**MÉLÉON

440 Image : **GUI**TARE
Réponse : **GUI**GNE

Faites la paire
441 ELLE, AILE
442 EGO, ÉGAUX
443 FOI, FOIE
444 MAILLE, MAIL
445 POULS, POU
446 PRÈS, PRÊT
447 RU, RUE
448 RYE, RAIL

Une image vaut 1000 mots
449 Tête de pioche

Train de mots
450 Prise de sang, sang-froid, froid de canard, canard sauvage

Les substituts
451 Cervelle d'oiseau
452 Entre chien et loup
453 Une bûche de Noël
454 Un pet-de-soeur
455 Perdre le Nord
456 Un fer à cheval
457 Une montée de lait
458 Opération Nez Rouge

Entremots
459 Image : rat
Réponse : scélé(rat)

460 Image : masse
Réponse : ra(masse)r

461 Image : corde
Réponse : rac(corde)r

462 Image : rame
Réponse : (rame)uter

463 Image : cage
Réponse : sac(cage)r

La bête noire
464 Poubelle était un préfet de la Seine féru de propreté; Silhouette fut ministre des finances sous Louis XV (il avait sans doute le profil de l'emploi) et le Comte Sandwich a fait créer un repas qu'il pourrait prendre sans quitter sa table de jeu. Corbeille vient bêtement d'un mot latin signifiant « panier ».

465 Même s'il entre dans la composition de plusieurs mots, « anthropie » seul n'est pas un mot, par contre, on utilise le mot « entropie » pour désigner l'état de désordre d'un système.

466 Asbestriens et Asbestriennes

Le comptoir des objets trouvés
467 La Fontaine
468 Indiana Jones
469 Quasimodo
470 Elizabeth II
471 Milou

Une image vaut 1000 mots
472 Un œuf tourné

La suite
473 US Open

Sans voyelles
474 PATINOIRE
475 ABEILLE
476 ITINÉRAIRE
477 TARENTULE

478 VAUTOUR
479 ACIER
480 ALCOOL
481 MÉGAPHONE

La pyramide aztèque
482 GIN
483 GAIN
484 GROIN
485 GUENON
486 GAUGUIN
487 TOC
488 TRAC
489 TABAC
490 TARMAC
491 TITANIC

Sprint à relais
492 **RES**PIRATION
493 **RATION**NEL
494 **ÉL**AGUER
495 **GUÉ**RARD
496 **ARD**ISSON
497 **DISSON**ANCE
498 **CE**SSEZ-LE-FEU
499 **EU**CHARISTIE

Une image vaut 1000 mots
500 Acheter une minoune

L'ingrédient manquant
501 Des jaunes d'oeufs

Pseudonymes
502 Aimée Sylvestre

Les syllabes
503 L'argent n'a pas d'odeur
504 Débusquement
505 Une laveuse à linge
506 Cauchemardesque
507 La police montée
508 Une musique originale
509 Négocier une convention
510 Des résidents permanents

Classe-toi!
511 Dame (6 points), neuf (7), valet (8), dix (13)

La lettre perdue
512 SACOCHE
513 VOLCAN
514 CERCLE
515 ACCROC, ACCRO
516 COLORATION
517 TOMBOLA
518 GOULOT
519 MOUSSON

Animages
520 CAMPER
521 MUESLI
522 VERTÈBRE
523 INVENTEUR
524 MASSUE

Questions de lettres
525 TEXAS
526 VEXER
527 TEXTE
528 BOXER
529 BUNGALOW
530 HEATHROW
531 CHOW-CHOW
532 GLASGOW
533 ACHALANDAGE
534 ALABAMA
535 DALAÏ-LAMA
536 MADAGASCAR

Une image vaut 1000 mots
537 Esprit de clocher

Enigme
538 Une ancre de bateau

À première vue
539 Image : **BOU**CHON
Réponse : **BOU**CHERIE

540 Image: **RA**QUETTE
Réponse: **RA**BOT
541 Image: **CAS**TOR
Réponse: **CAS**QUETTE
542 Image: **BRI**QUET
Réponse: **BRI**TANNIQUE
543 Image: **MO**TONEIGE
Réponse: **MO**BILE

Le point du savoir

544 à 548 Cornemuse
549 à 553 La moutarde
554 à 558 Le hoquet

La pyramide aztèque

559 MEG
560 MING
561 MAGOG
562 MÉKONG
563 MUSTANG
564 MYE
565 MIME
566 MILLE
567 MANCHE
568 MANILLE

Sprint à relais

569 **SON**NANT
570 **ANT**HRACITE
571 **CITE**RNE
572 **NE**WMAN
573 **MAN**ICOUAGAN
574 **GAN**GE
575 **GEN**ÈVE
576 **EVE**RGLADES

Mot découpé

577 AJOURNER (**a**vion, **jour**nal, **né**nuphar)
578 GÉNOME (**gé**nie, **nau**frage, **me**lon)
579 BALANCE (**ba**gue, **lam**pe, **ce**rises)

Le mot sacoche

580 TROUILLE
581 TULLE
582 OUÏE
583 COLLE
584 OUILLE
585 CAILLE
586 CIL
587 QUAI
588 ALLER
589 INCA

Entremots

590 Image: pion
Réponse: scor(pion)
591 Image: jonc
Réponse: con(jonc)tivite
592 Image: porte
Réponse: clo(porte)
593 Image: vis
Réponse: écre(vis)se
594 Image: ail
Réponse: évent(ail)

Une image vaut 1000 mots

595 Marcher (jouer) dans les plates-bandes de quelqu'un

Train de mots

596 Passe-temps, temps mort, mort de rire, un rire gras

Questions de lettres

597 CALEÇON
598 AÇORES
599 TRONÇON

La petite école

600 La tige
601 L'automne
602 Lucie joue avec ses blocs
603 26 gommes
604 Du jaune et du rouge
605 Juillet

606	8 (2 x 4)	634	150 (75 % de 400 = 300 divisé par 2 = 150)
607	Les francophones		
608	Goat	635	Isaac Newton
609	À Québec	636	La troposphère
610	Whitehorse		(8 à 15 kilomètres d'épaisseur
611	Nous fûmes		à partir du globe)
612	Les points de suspension	637	Hg
613	Un mélange homogène	638	Waiter
614	La strophe	639	Une phrase impérative
615	Orignal	640	Tennessee Williams
616	Un triangle équilatéral		(The Glass Menagerie)
617	Les électrons (par Joseph	641	Peter (Pierre) will go to
	John Thomson à la fin		Montreal next week-end
	du XIXᵉ siècle)	642	La pression, la température,
618	Un conductimètre		le volume et le nombre
619	En 1968 (Il fut en poste		de moles
	jusqu'en 1979 et à nouveau	643	L'hyperbole (qui exprime les
	de 1980 à 1984)		idées de façon exagérée)
620	1987		
621	Charles Baudelaire	644	1 et 4
		645	Trois
622	Consonnes	646	77 (suite décroissante
623	Le son O		de nombres impairs)
624	Nord, sud, est, ouest	647	10
625	Mangent	648	Ils pèsent
626	Chat et tapis	649	Le Soleil
627	326	650	300
628	Teapot	651	Québec
629	Ottawa	652	Vous devriez
630	20 cm	653	To sing
631	236,98	654	La rivière Manicouagan
632	Terre-Neuve et Labrador,	655	Le fleuve Saint-Laurent
	Île-du-Prince-Édouard,	656	Les amphibiens (les
	Nouveau-Brunswick,		batraciens)
	Nouvelle-Écosse	657	Futur antérieur
633	Pour l'Expo Universelle de	658	90 (180 en tout)
	1967 (Incidemment, la terre	659	Une oeuvre polychrome
	de remblai ayant servi à	660	L'aorte
	créer l'Île Notre-Dame est	661	L'archéologie
	celle ayant été retirée pour	662	Les rimes plates
	créer les tunnels du métro.)		

663	Un goût salé NaCl (chlorure de sodium ou sel)
664	La lettre Q
665	L'antithèse
666	Le chaton
667	Les minutes
668	Des yeux
669	Huit
670	63
671	Carnavals
672	320
673	Va – aller
674	Les vents
675	Ludwig Van Beethoven
676	888
677	Alexander Graham Bell (bien que ce titre soit contesté à l'heure actuelle)
678	Vous pûtes
679	-30
680	$X = 4$
681	$X = 7$
682	Une rosace
683	Un conte
684	Protons et neutrons
685	W (watt, équivalent à un joule)
686	Le krach boursier de Wall Street
687	La réfraction (lumineuse)
688	30, 21, 15, 11
689	16, 17, 18, 19, 20
690	28
691	Sous forme gazeuse (la vapeur)
692	Six surfaces
693	3
694	20
695	5 – or/ni/tho/ryn/que
696	Le maire, la mairesse
697	Régina
698	Il gît
699	En Espagne (Il a vécu en France par la suite)
700	24
701	Pneu ou bleu (pneus et bleus)
702	Herbivore (il se nourrit du nectar des fleurs) et insectivore. Les autres classes sont les carnivores et les omnivores.
703	Une préposition
704	Les glucides (sucre)
705	La Montérégie
706	Que j'aie absous
707	La mesure de dispersion
708	L'échantillon A
709	50, plus Washington qui est un district fédéral
710	i
711	Apple
712	Mon cheval mange la clôture
713	10 décimètres
714	Tigresse
715	Un angle aigu
716	Un triangle rectangle
717	Adjectif qualificatif
718	L'iris versicolore
719	La baleine bleue
720	1000
721	Quatre temps
722	Student
723	Les Conquistadors
724	It
725	Chien
726	L'alinéa
727	Une molécule
728	La supraconductivité

729	Le cervelet
730	L'explosion de la bombe atomique à Hiroshima
731	Les globules blancs (aussi appelés « leucocytes »)
732	cm
733	4
734	Des déterminants (des adjectifs selon l'ancienne grammaire)
735	14
736	40
737	J'aimais, tu aimais, il (elle) aimait, nous aimions, vous aimiez, ils (elles) aimaient
738	5
739	Les Acadiens
740	225
741	36
742	Ils eurent
743	La chronologie
744	To lose – lost
745	Mice
746	Le point virgule
747	To sleep - slept
748	En Colombie-Britannique
749	Il est invariable, car c'est un adjectif de couleur composé
750	La peau
751	John-Alexander Macdonald (élu pour la première fois en 1867)
752	Franklin Delano Roosevelt
753	Le paléolithique
754	13
755	Féminin
756	Hiboux
757	11, 13, 15 (les nombres sont composés de deux chiffres ou plus)
758	2, 4, 6, 8, 10, 12, 14, 16, 18, 20
759	Nous avions
760	Frédéricton
761	Nous irons
762	Marshmallow
763	L'eau
764	Fais, faisons, faites
765	Un triangle scalène
766	En 1960
767	Plus-que-parfait
768	L'hygromètre
769	En 1867
770	Vous fîtes
771	La photosynthèse
772	Les drupes
773	I was swimming when it started (began) to rain (started raining)
774	Je muai
775	L'Alberta (près des trois quarts de la production canadienne)
776	I like (love) my dog
777	Le S
778	6h ou 18h
779	Le mois de novembre
780	28 - sauf aux années bissextiles (dont 2012) alors qu'il en compte 29

781	14 ans
782	6
783	Un carré
784	Un angle obtus
785	La fleur de lys
786	1914
787	Le football
788	Le kendo
789	Lives
790	Louis XIV
791	Un fossile
792	À demi
793	I am hungry
794	L'origine
795	Le fer, le nickel et le cobalt (les matériaux ferromagnétiques)
796	Refus global
797	Harry Truman
798	Ton grand-papa
799	Sept
800	6 + 5 = 11
801	Nuage
802	Le mot « cousine » est le seul nom commun
803	Le produit
804	Le sommet
805	125 (5 x 5 x 5)
806	Féminin
807	Des cirrus
808	En Italie
809	Cinq
810	Une bissectrice
811	5 $
812	Taken (on l'utilise avec l'auxiliaire « avoir »)

813	La chasse, la pêche et la cueillette
814	Anticyclone
815	Le smog
816	Il était premier ministre (1960 à 1966)
817	L'hypothénuse
818	Un pléonasme
819	En danse

À première vue

820	Image : **GO**RILLE Réponse : **GO**RET
821	Image : **POI**RE Réponse : **POI**VRE
822	Image : **MOU**LIN À CAFÉ Réponse : **MOU**MOUTE
823	Image : **CAR**TON Réponse : **KAR**MA
824	Image : **ÉTUI** Réponse : **É**LÉPHANT
825	Image : **HI**BOU Réponse : **HY**DRAVION
826	Image : **TÉLÉ**PHONE Réponse : **TÉLÉ**GRAMME
827	Image : **BA**LAI Réponse : **BA**BILLARD

Ça commence par... ça finit par...

828	**TOM**BER
829	**TOM**BOUCTOU
830	**TON**GA
831	LAI**TON**
832	PASSE**REAU**
833	MA**RIÉ(E)**
834	AUSTRA**LIE**
835	KA**LI**
836	**ES**TRAGON

837 **ES**QUIF
838 **AISS**ELLE

Animages
839 SAULE
840 MONTAGE
841 ENGRAIS
842 CINTRE
843 CITHARE
844 CLARINETTES
845 GOYAVE
846 MANIFESTE

Faites la paire
847 PAIN
848 VERT
849 TEST
850 LETTRES
851 BATEAU
852 POUDRE
853 PAPIER
854 PARE
855 ESSUIE

Approximots
856 Image : **F**ANAL
 Réponse : **B**ANAL
857 Image : **FR**UITS
 Réponse : **BR**UITS
858 Image : **B**ALEINE
 Réponse : **H**ALEINE
859 Image : **C**ORDE
 Réponse : **H**ORDE
860 Image : **RA**MES
 Réponse : **RI**MES

La lettre perdue
861 A**GR**AIRE
862 BI**AFR**A
863 **ME**NUET
864 **LA**MEL**LE**

Sans voyelles
865 MARGARITA
866 OURAGAN
867 HERBE À POUX
868 SUEUR
869 QUOTA, QUÊTE, QUITO
870 RÉFÉRENCE
871 ÉCHEVELÉ
872 BOÎTIER
873 MAISONNÉE
874 PHONÉTIQUE

Mot découpé
875 ÉBAHI (**él**éphant, **ba**gue,
 hippopotame)
876 ROUGE (**rou**te, **je**tons)
877 ARMÉE (**ar**bre, **mé**duse)
878 CRÈCHE (**craie**, **che**veux)
879 DRAGON (**dra**peau,
 gondole)
880 LIME (**li**bellule, **me**lon)
881 MALADIE (**ma**gicien,
 lame, **di**nosaure)

Les substituts
882 Prendre le mors
 aux dents
883 Faire un clin d'œil
884 Ennuyant comme la pluie
885 Nature morte
886 L'avocat du diable
887 Avoir les pieds
 dans les plats

888	Faire d'une pierre deux coups
889	Être dans la lune
890	Une patinoire à poux
891	Tourner le fer dans la plaie

Le point du savoir

892 à 896	Le cuivre
897 à 901	Le mont K2
902 à 906	Les algues bleues

À première vue

907	Image : **KAN**GOUROU
	Réponse : **CAM**PING
908	Image : **CA**MÉLÉON
	Réponse : **CA**NNELLE
909	Image : **BOU**TEILLES
	Réponse : **BOU**QUETIÈRE
910	Image : **É**TOILE
	Réponse : **É**TUVEUSE
911	Image : **LI**ME
	Réponse : **LI**MAILLE
912	Image : **TÉ**LÉSCOPE
	Réponse : **TÉ**RA-OCTET
913	Image : **TOUR**NEVIS
	Réponse : **TOUR**BILLON

Faites la paire

914	TRAIN
915	HUILE
916	TERRAIN
917	BEC
918	FOUR
919	AIR
920	GRAIN
921	CRISE
922	CROISSANT
923	TOUR
924	BRAS
925	GOULOT
926	BULLETIN
927	PRISE
928	BOÎTE

Approximot

929	Image : VI**N**
	Réponse : VI**S**
930	Image : BA**R**
	Réponse : BA**C**
931	Image : PELL**E**
	Réponse : PER**L**E
932	Image : FUS**É**E
	Réponse : FU**M**ÉE
933	Image : MUL**O**T
	Réponse : MUL**E**T
934	Image : PIN**C**E
	Réponse : PIN**T**E
935	Image : CRAIE
	Réponse : CRÂNE
936	Image : **C**RAYONS
	Réponse : **T**RAYONS
937	Image : P**Â**TE
	Réponse : **R**ATE
938	Image : SOURIS
	Réponse : SOU**M**IS
939	Image : T**R**ÔNE
	Réponse : **D**RONE
940	Image : **C**OQUE
	Réponse : **L**OQUE
941	Image : **O**URS
	Réponse : **M**URS
942	Image : CA**S**QUE
	Réponse : CAL**Q**UE
943	Image : CUB**E**
	Réponse : CU**R**E

La voyelle coucou

944 CARDINAL
945 RETENUE
946 DÉPISTEUR
947 VENISE
948 MACARONI
949 MOUSSAKA
950 MALARIA
951 HARICOT
952 PORTION
953 CLIMATISATION
954 OCCIPUT
955 MONUMENT
956 FAUCON
957 BEATLES
958 QUEUE
959 MALGRÉ
960 JEÛNER

Entremots

961 AM(POULE)
962 M(ÉTAU)X
963 P(RUCHE)
964 BER(LINGOT)
965 IMPÉRIS(SABLE)
966 CANI(VEAU)
967 (MUR)ÈNE
968 PÉ(NICHE)

La lettre de trop

969 LAITON
970 PAGANINI
971 STRICT
972 ASPIC
973 FUGACE
974 ÉRYTHÈME
975 FRISQUET
976 AUTISME

977 POPULARITÉ
978 A CAPELLA
979 PANTIN
980 VIANDEUX

Les dés à découdre

981 Vingt mille lieues sous les mers
982 Pot-au-feu
983 Les doigts dans le nez
984 Bras droit
985 Terre des Hommes

Le point du savoir

986 à 990 Yann Martel
991 à 995 La rivière Romaine
996 à 1000 Kiefer Sutherland

Livret-jeux

LES ÉDITIONS
LA PRESSE

DIRECTRICE DE L'ÉDITION
Martine Pelletier

ÉDITRICE DÉLÉGUÉE
Sylvie Latour

CONCEPTION GRAPHIQUE
Benoit Martin

PHOTO DE LA COUVERTURE 1
Société Radio-Canada

Dépôt légal – 3ᵉ trimestre 2011

ISBN 978-2-923681-93-1

Imprimé et relié au Canada

LES ÉDITIONS
LA PRESSE

PRÉSIDENTE
Caroline Jamet

Les Éditions La Presse
7, rue Saint-Jacques
Montréal (Québec)
H2Y 1K9

L'éditeur bénéficie du soutien de la Société de développement des entreprises culturelles du Québec (SODEC) pour son programme d'édition et ses activités de promotion.

L'éditeur remercie le gouvernement du Québec de l'aide financière accordée à l'édition de cet ouvrage par l'entremise du Programme de crédit d'impôt pour l'édition de livres, administré par la SODEC.

L'éditeur reconnaît l'aide financière du gouvernement du Canada par l'entremise du Programme d'aide au développement de l'industrie de l'édition (PADIÉ) pour ses activités d'édition.

MOT DE PRÉSENTATION

Bonjour et bienvenue à *L'union fait la force!*

L'hémisphère gauche du cerveau est analytique, le droit est synthétique. Le gauche est intellectuel, le droit est intuitif. Bien des différences existent encore entre les zones de notre cerveau : verbal et non verbal, objectif et subjectif, logique et irrationnel, précis ou approximatif, pour ne nommer que ceux-là. Et si la majorité des jeux à la télé font une belle part à la mémoire ou au hasard, rarement peut-on faire appel à toutes nos capacités cérébrales dans un plaisir plus global. C'est le défi que nous nous lançons à *L'union fait la force.* En plus d'utiliser des formes de jeux classiques, nous visons toujours à développer de nouveaux angles de jeu. En perpétuelle évolution, à chaque saison, *L'union fait la force* fait fonctionner notre cerveau globalement … avec un petit sourire neuronal.

L'union fait la force a également été conçue pour procurer de la visibilité et une occasion de gagner de l'argent à des organismes communautaires engagés dans l'offre d'activités sportives, culturelles, de plein air ou d'intervention sociale, et pour permettre aux artistes de faire la promotion de leurs activités.

Pour ce troisième livret-jeux, nous avons rassemblé un peu plus de 200 questions provenant du célèbre jeu *La petite école.* À jouer en famille pour un plaisir assuré!

Nous avons aussi choisi 200 questions « pour les champions », auxquelles nos concurrents et artistes en studio n'ont pu répondre. Une belle occasion pour mesurer l'étendue de vos connaissances ou de votre aptitude à résoudre des colles… Finalement, je vous invite évidemment à venir tester vos habiletés en regardant l'émission en temps réel. Rappelez-vous, les concurrents n'ont que sept secondes pour répondre aux questions!

Au plaisir de vous y retrouver pour une neuvième saison,

Patrice L'Ecuyer